中国物流专家专著系列·2024

物资配送数据质量管理

齐继东　王　敏　主编

中国财富出版社有限公司

图书在版编目（CIP）数据

物资配送数据质量管理 / 齐继东, 王敏主编. -- 北京:中国财富出版社有限公司, 2024.6

（中国物流专家专著系列）

ISBN 978-7-5047-7990-8

Ⅰ.①物… Ⅱ.①齐… ②王… Ⅲ.①物资配送－数据管理－质量管理－研究 Ⅳ.①F252.14

中国国家版本馆CIP数据核字（2023）第189788号

策划编辑	郑欣怡	责任编辑	庞冰心	版权编辑	李　洋
责任印制	尚立业	责任校对	杨小静	责任发行	敬　东

出版发行	中国财富出版社有限公司			
社　　址	北京市丰台区南四环西路188号5区20楼		邮政编码	100070
电　　话	010-52227588 转 2098（发行部）		010-52227588 转 321（总编室）	
	010-52227566（24小时读者服务）		010-52227588 转 305（质检部）	
网　　址	http://www.cfpress.com.cn	排　版	宝蕾元	
经　　销	新华书店	印　刷	宝蕾元仁浩（天津）印刷有限公司	
书　　号	ISBN 978-7-5047-7990-8/F·3590			
开　　本	710mm×1000mm　1/16	版　次	2024年6月第1版	
印　　张	11.75	印　次	2024年6月第1次印刷	
字　　数	180千字	定　价	72.00 元	

前　言

中国共产党第二十次全国代表大会报告指出"必须坚持问题导向。问题是时代的声音,回答并指导解决问题是理论的根本任务"。特定领域物流系统的建设要解决物资的持续配送的现实问题,尽量破除物资消耗与需求不确定、配送资源透明度不够、配送网络可靠性不稳、配送力量资源聚焦不高的现状。依托物流公共信息服务平台,汇聚物资配送信息,通过信息赋能提升物资保障需求预计的精准性、配送的精确性,但信息赋能效果取决于物资配送数据的质量管理。

确保特定领域配送数据有效衔接物资配送系统内各要素和子系统,有效协同各环节作业,首要是利用物资配送数据智能形成科学的配送解决方案。但是,针对特定领域配送的智能决策要求,物资配送数据在采集与规整、开发与应用等方面,还存在结构异构数据、语义异构数据、结构化数据、非结构化数据的质量管理问题。

本书共设六章,分为物资配送数据质量管理研究(第一、第二、第三章)和物资配送数据质量管理实践(第四、第五、第六章)。其中,第一章是概述,界定配送数据质量相关概念,介绍 ISO 8000 系列标准;第二章是物资配送数据质量评估,研究配送数据质量的维度和指标体系、评估框架及概念结构模型;第三章是物资配送数据质量管理系统,分析配送数据质量管理系统的建设目标及任务,提出配送数据质量管理组织机构,进而设计配送数据质量管理的应用模式及业务流程、系统框架结构、系统模块结构和主体数据库概念结构;第四章是物资配送数据语法质量管理,提出配送数据语法质量问题清单,构建配送数据语法质量管理的概念模型及其要素,设计了配送数据语法质量核实的流程及环节关注点，最后分析了配送领域典型数据的语法质量情况；第五章是物资配送数据语义质量管理，提出配送数据语义质量问题清单，构建配送数据语义质量管理的概念模型及要素，设计配送数据语义质量评估的流程及环节关注点，最后分析了配送领域典型数据的语义质量情况；第六章是物资配送数据语用质量管理，提出配送数据语用质量问题清单，构建配送数据语用质量管理的概念模型及要素，设计配送数据语用质量验证的流程及环节关注点，最后分析了配送领域典型数据的语用质量情况。

本书可作为从事物流工程与管理领域的数据库系统分析与设计、数据资源管理与规划的教学和科研人员的参考书，也可作为该领域研究生的辅助教材。

本书由陆军军事交通学院齐继东、王敏主编。张迪、张兵、王开勇、龙绵伟、周京京、刘伟男、吕卓石参与了本书部分内容的编写工作。本书编写中参考吸收了国内外信息质量管理研究的诸多成果，在此一并表示感谢。由于物资配送领域数据质量管理与治理研究尚处于起步探索阶段，缺乏全面系统的理论研究与运用实践，编者通过对多年从事物流数据库系统开发和装备保障数据库建设实践的总结归纳，形成了目前的研究成果。由于编者水平有限，书中难免存在疏漏之处，敬请读者提出宝贵意见。

编　者

2023 年 12 月

目 录
CONTENTS

第一章 概 述

　　物资配送不能称为运输，也不能称为投送。物资配送是"配"加"运"系统融合，"配"不仅仅是标准问题，它体现了保障的目的，具有明确的计划性，需求单位物资消耗预计是核心问题，即为什么"配""怎么配"；"运"体现了保障的效率，执行过程的优化性，被保障对象的物资集货、配载、线路和运力编组的优化是核心问题。因此，无论是物资消耗预计的合理性，还是物资运载优化的有效性，所需数据获取完整准确，且能够被正确运用是保证，也是重点。如果没有高质量数据，再多的数据、再强的软件、再好的硬件，也难以开发出数据的潜在价值，更谈不上"用数据说话，依数据决策"。

　　后续章节中"物资配送"简称"配送"。

第一节 基本概念

　　信息时代，数据是信息的原材料，没有好的数据质量，数据价值也难以挖掘与应用。数据、信息和知识之间联系紧密，数据通常被认为是简单的事实，当数据有一定的语境并兼具某种结构时，信息就出现了，当通过释义赋予信息一定含义时，信息就变成了知识。

一、数据质量

大数据时代，为充分挖掘政府、行业领域等"海量"数据的潜在价值，支持"数据驱动决策"趋势，发挥"数据+统计+概率"的智能化发展模式提供支撑。虽然数据质量管理（Data-Quality Management，DQM）是一个新兴的热点研究方向，国外研究机构在数据质量研究方面起步较早，并提出很多数据质量检查、评估、改进等管理方法与模型，比如，全面数据质量管理（TDQM）、产品服务信息质量模型（PSP／IQ）等，但这些在国内还没有得到足够重视。随着经济全球化的发展，国际标准化组织为支持企业之间数据交换，将数据作为产品来管理，先后制定并颁布 ISO 8000 数据质量系列国际标准（以下简称"ISO 8000 系列标准"），为数据质量的有效管理提供参照标准。截至目前，数据质量还没有统一的定义，是一个主观性较强的概念，简单理解就是"用户对数据应用结果的满意度"。

ISO 8000-2《数据质量——第2部分：词汇》，将数据质量定义为：数据的某组固有特性满足要求的程度。其中，要求是指用户陈述的需求或期望，通常是隐含的或强制性的。

二、配送数据质量

以配送信息需求为牵引，本书将配送数据质量（Data-Quality of Materials Distribution）定义为：在配送业务环境下，不同数据粒度[①]的数据在被配送的决策支持、业务管理和作业保障的过程中正确使用，能满足具体业务需求的程度。从概念上得出，配送数据质量具备以下三个特点。

一是配送数据资源中的同一数据集的数据质量，在不同业务环节应用，

———————
① 数据粒度，指数据仓库中数据的细化和综合程度。一般情况下，数据汇总或聚合程度越小，数据粒度越小；数据汇总或聚合程度越大，数据粒度越大。

其价值和作用存在差别。

二是不同粒度的配送数据应用质量，取决于其是否被正确处理，且应用到正确的"地方"。

三是配送数据质量的主观性较强，难以准确量化评价，重在数据质量的预防与治理，数据的正确性、准确性、时效性是数据质量的基本要求。

三、数据质量管理

质量管理是管理学的一个重要研究内容，其延伸到数据质量领域就成为数据质量管理。因此，质量管理所涉及的一些理论、方法和技术对于数据资源和数据产品的质量管理有很好的借鉴作用和参考价值。在数据治理方面，不论是国际的专家还是国内的专家，都已经提出了很多数据治理成熟度评估模型的理论框架，但对于数据质量管理的方法论而言，还没有一套科学、完整的数据质量管理体系。国内外进行了大量数据质量、信息质量管理方面的研究和实践探索，出现了一些数据（信息）质量管理理论与方法及其平台手段。当前认可度比较高的理论与方法有：全面数据质量管理理论，主要包括以客户为中心、全员参与、持续改进和用数据说话四部分内容；信息质量管理成熟度模型理论，主要围绕信息质量管理成熟度模型、评估和改善信息质量方法等进行研究；数据质量管理成熟度模型，分为初级、定义级、管理级和优化级四级模型，进行数据质量治理研究；以及 DataCleaner、基于规则库的数据质量预警监控平台、通用数据质量评分系统等手段、工具进行研究。

ISO 8000-2《数据质量——第 2 部分：词汇》，将数据质量管理（Data-Quality-Management）定义为：在数据质量方面指导和管控某一组织的协调活动。

四、配送数据质量管理

大数据时代的物资保障，配送信息支持数据不仅是传统概念的数据或信息，也包括宏观概念的结构化数据、半结构化数据和非结构化数据，因此，配送系统内各要素的数据有用性，是判断配送数据驱动配送活动效果的评判依据，而配送数据的有用性，即配送数据质量的体现。

配送数据质量管理措施主要是被动数据质量改进和主动数据质量管理，其中，被动数据质量改进的关注点是数据应用结果，是针对"问题"数据进行的修改完善，是当前配送信息管理的主要方法与方式。相对于被动数据改进而言，主动数据质量管理是分析数据质量低的原因，主要通过计划和实施持续提高数据质量的活动，来防止更多的数据缺陷，即对数据质量进行管理。

本书将配送数据质量管理（Materials–Distribution Data–Quality Management，MDDQM）的概念界定为：围绕配送数据的寿命周期，通过制订数据质量计划、数据质量控制、数据质量问题处理、数据质量反馈等机制，对数据质量进行管理的过程。对配送数据的采集、储存、维护、应用、消亡的整个生命周期内每个阶段的数据质量问题，进行被动和主动识别、度量、监控、预警、治理等一系列行为的管理活动。

第二节　配送数据质量标准

随着现代信息技术的不断深入，信息和数据质量问题日益突出，为保证数据质量，加强数据质量的管理，国内外科研院、所都进行了相关的研究和应用实践，并制定了数据质量的相关法规和标准。

一、ISO 8000系列标准

ISO 8000系列标准是一个正在开发的有关数据质量的国际标准，该标准描述了数据质量原理，定义了数据质量特征，并且给出了类似ISO 9000系列标准的数据质量的认证过程。ISO 8000系列标准旨在提供有关数据质量的指导，帮助组织开发和使用高品质数据。

（一）标准组成

ISO 8000系列标准适用范围包括以下5个关键要素：①数据质量原则；②确定数据质量的特征；③支持实现数据质量的必要元素；④表示数据需求、测量方法和检验结果；⑤用于测量和提高数据质量的框架。

ISO 8000系列标准主要由以下4部分组成。

（1）通用数据质量，主要介绍标准创建的目标、适用范围和进展，以及相关术语。

（2）主数据质量，主要介绍典型数据的交换，主数据的语法、语义编码和数据规范，主数据质量管理框架等标准。主数据是指组织内部为了执行交易（事务）所需要使用的具有独立性和基础性的实体。实体是指正在考虑的领域中的具体或抽象事物。

（3）业务数据质量，主要介绍业务数据的运用，业务数据的颗粒度、结构异构和语义异构等要求。业务数据是指用于记录业务事件，如业务订单、客户投诉、物资调拨计划、物资采购方案等，它往往用于描述在某一个时间点上，业务系统发生的行为。

（4）产品数据质量，主要介绍产品数据目的的一致性、完整性和适用性。产品数据是指以适合人类或计算机通信、解释或处理的恰当方式表述有关产品的信息。

以下着重介绍主数据质量。

（二）主数据质量

由前可知，主数据用于支持某组织实施完成其交易（事务）拥有的实体数据。比如，物资、配送装备、需求单位等项目为实体，而库存、物流配送单证等项目不是实体。影响主数据质量的要素主要是交易（事务）各方主数据的语法编码、语义编码和数据规范的一致性等。其中，主数据语法编码，每个主数据信息应该在其头部包含一个引用以说明主数据信息遵守的正式语法。该引用应有一个明确的标识符，用于说明编码主数据信息的正式语法的特定版本。主数据语义编码，使用参考数据字典条目的标识符取代自然语言的技术，每个引用应当成为包含在一个数据字典中的条目。数据规范的一致性需求，每个主数据信息应该在其头部包含一个引用以说明主数据信息遵守的规范。该引用应有一个明确的标识符，用于说明编码主数据信息的数据规范的特定版本。

主数据质量涵盖数据溯源、数据准确性和完整性，主数据的概念来自数据字典，在使用时必须符合数据规范和正式的语法。数据规范可以指定概念的首选术语，也指定了数据需求，比如模板、规制和约束。主数据、数据字典和数据规范中的标识都来自标识模式，该模式由国际标准ISO 22745：2010制定。

ISO 8000系列标准的数据管理框架，如图1-1所示。

	数据操作	数据质量监控	数据质量改善
数据主管	数据架构管理	数据质量计划	数据管理和流程管理
数据管理员	数据设计	数据质量标准建立	数据错误原因分析
数据技术人员	数据处理	数据处理	数据错误更正

图1-1　ISO 8000系列标准的数据管理框架

其中，组织和实施者主要是数据主管、数据管理员和数据技术人员，数据主管负责数据架构管理、制订数据质量计划、进行数据管理和流程管理；数据管理员负责数据设计、建立组织中数据质量标准，分析数据错误原因，并通过组织范围的数据体系结构维护单个数据库系统中的数据一致性；数据技术人员根据数据管理员设置的数据质量管理指南创建、读取、修改和删除数据，测量数据质量，并纠正数据质量测量发现的数据错误。

顶层设计主要是数据操作、数据质量监控和数据质量改善。

二、配送数据质量分类

围绕配送数据驱动配送决策目标，依据配送数据需求及其特点，将配送数据区分为配送主数据、配送业务数据和配送元数据（见图1-2）。相应地，配送数据质量分类包括：配送主数据质量、配送业务数据质量和配送元数据质量。

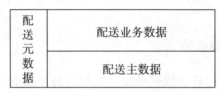

图1-2　依据配送数据需求的配送数据分类

（一）配送主数据质量

围绕配送业务主题数据需求，衡量配送主数据保障的有效程度，评价目标是配送主数据。配送主数据是指配送数据库系统运行的最基本的数据集，主体是配送实体数据、系列标准数据。可以将物资编目、单位机构、装备目录和力量编成等数据均定义为配送主数据，存在于现代物流信息系统的各个子系统，以及纳入现代物流信息系统的、与物资保障相关的数据库系统；主数据会因主题异构存在差异，比如，对于物资、配送装备等主数据而言，采购部门比业务部门要丰富。

另外，与主数据质量配套的数据字典的质量也是提高主数据质量的重要手段之一，主要是各类特征数据或特征数据的有限值域（如可枚举）的质量，这类数据内容质量需要相关术语或概念支撑。

（二）配送业务数据质量

围绕配送业务主题数据需求，衡量配送业务数据驱动配送活动及其决策的有用性程度。配送业务数据也可称配送事务性数据，是指任务获取、预案制定、消耗预计、方案修订①、配送批次拆分、组配与配载、装载与卸载、路线规划、装备编组、状态监控等配送活动的依据数据。该类数据涵盖结构化数据、半结构化数据、非结构化数据的各类配送方案、分拣集货方案、组配方案、配载方案、集装方案、装载方案、卸载方案、路径方案、运力编组方案、装车确认单，以及物资调拨单、保障指令、物资入库通知（凭证）、物资出库通知（凭证）、库存物资统计表等物流单证。

（三）配送元数据质量

配送元数据是指配送主数据和业务数据的各个数据元素的结构类型及其数据来源。为提高配送数据开发与应用的准确性、完整性，降低结构异构和语义异构，参照 ISO 22745《工业自动化系统与集成——开放技术字典及其在主数据中的应用》的国际标准，提出了不同配送数据库系统之间的主数据和业务数据的关联标准规范。

配送元数据由元数据索引和元数据字典两部分组成（见图 1-3）。其中，每个索引可能对应多个字典；元数据结构由类别、系列属性、测量单位、测量限定符（最大值、最小值、正常值）、限定的属性值（枚举型）、货币（人民币、美元、欧元等）等组成。

---

① 本书中修订是指数据的添加、编辑、删除、作废、保存及批注。

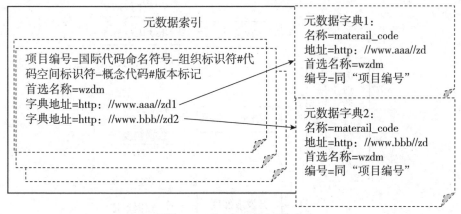

图 1-3　配送元数据结构

第三节　配送数据质量问题

中国共产党第二十次全国代表大会报告指出，"我们要增强问题意识，聚焦实践遇到的新问题、改革发展稳定存在的深层次问题……"

配送环节及其节点的每项数据的质量高低，都可能直接或间接影响配送效益。配送活动环节有物资调拨、消耗预计、物资集货、配送批次优化、物资组配与配载、物资集货、配送动态数据获取等，以及各个环节数据的采集/获取、传输与存储、规范与处理、深度挖掘等开发与应用的节点，为有效管控配送数据质量，必须剖析清楚配送数据管理与应用过程中的各类业务及状态数据质量的问题。技术上，要关注配送相关数据库系统的多源数据结构异构、多源数据语义异构的问题，特别是数据完整性的问题；应用上，要关注数据是否被正确应用、数据准确性与时效性相关的问题。结合多年从事特定领域的物流信息化研究和装备数据资源建设管理的实践经验，归纳提出配送数据质量问题清单，如图1-4所示。

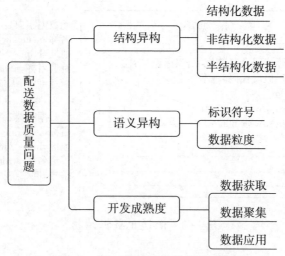

图 1-4   配送数据质量问题清单

一、配送数据的结构异构

结构异构是指数据结构、存储结构、数据库种类的不同。数据结构是数据库的数据质量的最基本保证，如果数据结构设计得不合理，数据可用性必然差，数据有用性难以评估，数据库系统可维护性弱，因此，数据结构的设计是数据库系统运用数据发挥价值的基础。根据以往经验和参考有关文献，数据结构质量问题主要体现在以下三点。

（一）结构化数据的结构异构

配送的结构化数据是支持配送活动及其决策的最基础数据，主要包括主数据和业务数据。根据有关文献，各行业结构化数据对管理部门确定决策的影响权重占比小于10%。但是，对于智能化配送，特别是地方的京东、顺丰、阿里巴巴等大型物流信息系统，以及曹操、神州汽车租赁平台，业务运作主体都是基于优化算法模型和结构化数据库来生成配送保障"态势图"的。

（1）结构化数据的字段的结构异构问题，主要包括字段的标记、数据类型、值域或范围定义、粒度粗细等不一致，该类问题是数据库中字段的最典型数据质量问题，也是当前结构化数据应用的最棘手、最重要的问题。比如，字段"物资标记"问题，数据结构表现形式有"物资名称、物资型号、计量单位""物资名称、规格型号、计量单位""物资规格、计量单位"，再者，字段长度不统一，等等。

（2）结构化数据的数据完整性问题。数据完整性因业务主体不同而存在差异，概念上数据完整性包括实体完整性、约束完整性和自定义完整性，但数据完整性不仅是一个字段，也是一条记录、一个约束记录集，要能够明确、无歧义地表达语境内的具体含义的记录、约束记录集。比如，库存物资的质量标记不清、装备战术技术描述存在歧义，以及字段数据编造问题。

（二）非结构化数据的结构异构

配送的非结构化数据主要作为配送活动决策的辅助支持数据。据统计，配送计划、方案等业务决策过程中，半结构化数据和非结构化数据影响90%左右的权重占比。非结构化数据是指对象包含的数据元素的数量、类型、长度和含义都不能明确地界定，即一种没有预先定义的数据模型，或者没有以预先定义的方式组织的数据。同一类"对象"包含的内容及其项目存在较大不同，数据结构难以定制。配送的非结构化数据主要包括各类基本想定和补充想定、各类作战文书、各级首长指示要求、敌我态势及后勤态势描述、后勤消耗及需求报告等资料，以及场景地图图片、课目音视频、科目/课目脚本，等等。从内容上看，所列资源是决策机关、物资调拨主管部门、战役/战术后勤与装备保障部门进行配送决策的重要依据，但都难以明确每类资源所包含的"内容"清单、长度、类型，特别是包含多少个子项（字段）等。

如何完成非结构化数据的数据库化，是国内外数据管理行业面临的共同问题。国内外数据管理行业都认识到了非结构化数据对于智能决策不可替代的价值。近年来，NoSQL数据库得到了快速发展，百度搜索、阿里巴巴、浪潮、Google等国内外信息技术公司，在非结构化数据的结构问题上取得了很大成果、实践应用获得了验证，还有一些研究机构也提出了非结构化数据管理的数学模型，比如，四面体、数据及数据质量模型等。文本识别、图片识别、语义识别、语音识别等技术的发展与应用，也为非结构化数据量化和存储处理模型提供了技术支撑，为配送的非结构化数据管理与应用奠定了技术基础。

（三）半结构化数据的结构异构

半结构化数据的结构异构对配送决策产生的影响加大，半结构化数据既有结构化数据的结构异构问题，也有非结构化数据的结构异构问题。半结构化数据是指对象包含的数据元素的数量、类型、长度和含义不能完全明确，仅有部分数据元素能够明确，其余数据元素按需定制。半结构化数据也可理解为既不是完全无结构的，也不是传统数据库系统中那样有严格结构的数据。当前，Oracle、SQL Server、Mongodb等数据库技术已经具备处理半结构化数据的手段，为充分开发与应用半结构化数据，对其数据库化是必需的，数据库化最简单的方式即"数据库索引表＋文件系统""数据库索引表＋二进制字段数据库表"，该方式在数据库系统研发与实践中是目前应用较为普遍的一种方式。

业界为解决半结构化数据的结构问题，先后提出了半结构化数据管理的数学模型，为配送的半结构化数据管理与应用奠定了技术基础。

二、配送数据的语义异构

语义异构是指同一概念在不同的数据库中有不同的表示符号的情况，同一概念可能在不同的数据库有不同的含义，不同的数据库可能用不同的数据结构来表达相同的概念。配送数据的语义异构关系到配送活动中获取与利用的数据的准确性和可解释性问题，特别是多源数据的集成与开发应用。语义异构主要体现在以下两方面：一是多源数据库之间相关字段、记录/文档、记

录集 / 文档集的语义问题；二是单一数据库的字段标识、值域标识、记录 / 文档的可解释性等问题。

（一）标识符号

配送数据的字段标识与数据符号是配送数据被正确应用的前提。其中，字段标识问题影响较大。如果数据库表的字段标识存在歧义，特别是多源数据库数据关联，会直接影响数据聚集和开发应用效果，甚至造成数据被错误应用，这就等同于"造假数据"。字段标识的语义问题主要体现在：字段标识难以理解；数据库内字段之间存在包含关系；多源数据库的相关字段标识不统一、同一标识代表含义不同，甚至没有对应含义标识；无论是单一数据库，还是多源数据库，各数据库表之间的字段标识关联不完整，造成冗余、错误记录等。

数据符号问题，主要是字段的值域及表示问题，为每个字段赋予准确、可理解的值域，从语义角度理解，数据符号比字段标识问题更重要。数据符号的语义问题主要体现在：字段在有限值域时，内容随机定制，缺少统一概念；字段内容不规范，有的内容书写不规范，有的内容结构不正确；多源数据库内，相同字段的内容结构不同；数值型字段的数据度量不统一，有的计量单位不同，有的数据精度不同；度量值描述不合理，有的字段数据类型不合理，有的因字段数据类型造成值域不匹配；特别是，半结构化数据的非结构化内容、非结构化数据的结构化内容的语义问题，是最难界定的。

（二）数据粒度

数据粒度用于衡量被应用数据的综合程度，但是业界对数据粒度的等级划分还没有统一的规定，仅是对数据综合程度的概要界定，数据粒度级会随业务层次而变。一般情况下，数据粒度级最小的数据是下达计划、出库与入库、组配与配载、配送单装载、保障动态等数据，而对于业务管理部门，可根据主题需要汇总最小粒度级的数据。部门层级越高，数据的粒度级也就越高，数据抽象程度也就越大。配送数据粒度变化表现如图1-5所示。

物资编码	物资名称	计量单位	数量	质量状况	…
WZ001	野战食品	箱	330	新品	
WZ001	野战食品	箱	500	堪用	
WZ002	作业服	箱	350	堪用	
…					

数据粒度增大

物资编码	物资名称	计量单位	数量	…
WZ001	野战食品	箱	830	
WZ002	作业服	箱	350	
…				

数据粒度增大

物资编码	物资名称	计量单位	数量	质量状况	入库日期	…
WZ001	野战食品	箱	100	新品	2022-12-12	
WZ002	作业服	箱	200	堪用	2021-08-12	
WZ001	野战食品	箱	500	堪用	2020-10-20	
WZ002	作业服	箱	150	堪用	2020-10-20	
WZ001	野战食品	箱	230	新品	2022-06-23	
…						

最小数据粒度

图1-5　配送数据粒度变化表现

配送数据粒度采用得是否合理，关系到支持决策的数据是否被正确使用，数据粒度问题主要体现在：数据粒度与数据维度匹配是否合理；非最小粒度级的数据可视化显示是否存在误导；综合的不同粒度级数据因需要修正而造成的人为主导决策等。

三、配送数据的开发质量

理想状态下，配送数据开发是围绕配送主题数据，运用统计和概率方法，深度挖掘配送数据规律，为配送及其活动提供有用数据支持的过程；是围绕配送数据资源，按配送业务需求和作业需求，抽取与加载、存储与处理、评估与分析、综合与应用配送数据资源的过程，支持数据驱动配送决策、配送管理和基层作业的质量。

（一）配送数据获取

配送数据资源的获取是数据开发应用的保证，是"让数据说话"的前提条件。配送数据的获取与数据资源的可访问性密切相关，包括数据采集与标准化、数据输入与结构化等内容。配送主数据和业务数据，可细分为综合数据、专业数据和基础数据，这些"碎片化"数据难以汇聚，难以生成数据保障力。

基于物资和装备编目系统，随着专业物资管理数据库系统的实践应用，配送管理数据库系统在获取、汇聚相关专业物资管理数据库数据方面，还存在以下问题，如图1-6所示。

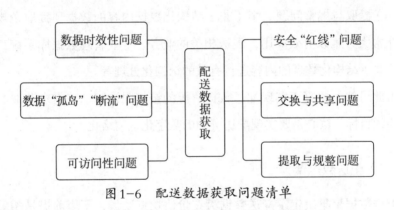

图1-6　配送数据获取问题清单

因此，配送数据获取问题主要体现在以下方面。

（1）数据时效性问题。数据时效性是指导业务的关键，大部分业务数据库系统未能常态化服务业务工作，数据更新程度不够，时效性数据存在时效可能。

（2）数据"孤岛""断流"问题。数据"孤岛"较为普遍，综合业务数据库系统建设中，当前专业化、综合化的数据库系统，不能实现主数据和业务数据关联，即使能够聚集也不能发挥业务数据的潜在价值，可能造成导向错误。

（3）可访问性问题。数据可访问性是影响数据获取的最大约束，业务数据一直被作为"内部财产"，不能随意供相关业务管理部门使用，首先是数据的不准确、不完整、不及时等原因造成不敢"公开"，其次是各业务部门之间的数据权限与业务界面未能完全区分清楚。

（4）安全"红线"问题。信息网络的安全要求，造成各网络数据库系统的单机部署与应用，没有实现网络数据库系统的数据"一站式采集、多点应用"。

（5）交换与共享问题。对于特定领域的配送相关系统的各环节、各要素的数据交换与共享难度更大，规划的现代物流信息系统已考虑系统内各要素系统的数据交换、规整和应用的方法，为后续特定领域的配送数据交换提供技术方案。

（6）提取与规整问题。半（非）结构化数据内容的数据项提取及规整的难度非常大且难以有效应用，配送相关的业务、专业管理数据库系统，未能对半（非）结构化数据的内容进行有效的结构化处理等。

由此可知，要真正实现配送数据资源的按权限访问、按需求获取、按主题应用的目标，核心是要实现配送资源的数字化、网络化。

（二）配送数据聚集

配送数据聚集决定了配送数据潜在价值挖掘质量，聚集前提是相关数据正确关联。配送数据任务有数据按标准集成、多源数据关联与评价、各方配送数据资源关联、聚集数据价值挖掘等。

配送数据聚集问题主要体现在：关联标准缺乏，配送元数据、主数据、基准数据难以达成一致。到目前为止，聚集方面还存在以下情况。

（1）没有统一的配送实体、要素系统的数据关联规则，大部分仍然采用手工作业，不仅影响了数据关联质量，而且造成数据规整"错误"累加。

（2）数据聚集可用性与有用性不理想，数据获取过程中存在数据"造假""瞎填""瞎编""随机"现象，虽然解决了部分数据完整性问题，但这是以降低数据准确性和可解释性为代价的。

（3）大量的半（非）结构化数据难以量化及被有效开发利用，完全依靠业务人员的业务能力和综合素质。

（4）数据规整缺少手段支撑。在大力推进现代物流系统的建设过程中，应尽快形成特定领域的数据交换、共享、规整的模型和标准，为配送系统要素之间的数据共用提供可遵循的方法。

目前，虽然地方物流信息平台正在迈向数据智能化阶段，但是由于数据标准"私有"，平台建设时未能充分考虑国家、行业和特定领域的相关数据标准要求，要实现配送共用数据交换，大量采用"中间件"方法实现不同实体之间数据共享是否合理、是否有利于数据质量提升，还都需要深入研究。

（三）配送数据应用

配送数据应用是指在配送的决策、管理、作业环节及其节点的业务活动中，支持数据满足需求的程度。

配送数据在应用方面还存在以下情况。

（1）数据结果错误应用，造成"几乎不可信的图形""先射箭再画靶""经验驱动数据应用""算法按需选取""偷梁换柱""数据可视化方式误导"的现象。

配送部门针对业务主题进行数据统计分析时，由于使用的数据不完整、数据模型或算法不合理，特别是半（非）结构化数据一般都是"自然语言"编码的信息，其语义与上下文语境密切相关，提取与匹配过程中也必然存在不确定性，造成形成结果的不可信程度增大。

（2）数据库系统未能常态化应用，造成数据时效性和价值未能发挥。各级配送部门的日常管理工作中的物资储备计划、物资采购计划、装备订购计划、物资购置费预算方案和物资/装备保障方案的制定，主要采用Office、WPS办公手段，造成与现有相关业务数据库系统内数据的不一致。

（3）数据时效性问题。众所周知，围绕物资保障的数据库非常多，有的由专门团队来维护与使用，有的没有专门团队支持，由业务人员自己管理，且大部分是网络版单机使用的，大部分数据库都难以做到及时更新，甚至有些多年未使用，已过数据生命周期，数据集合已经没有太大挖掘价值，因此，要确保数据的有用性，最起码要确保数据是及时的。

本章从物资配送数据质量的必要性入手，探讨了物资配送数据质量及其管理的内涵，参照 ISO 8000 系列标准，提出了物资配送数据质量的配送主数据质量、配送业务数据质量和配送元数据质量的分类，进一步剖析了当前物资配送管理决策过程中物资配送数据的采集、存储、处理及应用情况，总结了物资配送数据在结构异构、语义异构和开发应用过程中存在的质量问题。

第二章　物资配送数据质量评估

配送数据质量评估是对配送数据进行科学统计和评估的过程，以确定它们是否满足项目或业务流程所需的质量，是否具备能够真正支持其预期用途的正确类型和数量。要完成配送数据质量评估，就需要选择合适的数据质量维度、测量方法和评估方法。

第一节　配送数据质量维度

配送数据质量管理是为了持续提高配送数据满足用户需求的程度，从配送数据是否满足需求、是否适合需求的角度，提出科学合理的配送数据质量的评估维度，进行分析并确定各个维度的评价指标集的构成。

一、概述

重点介绍数据质量评估的基本概念和维度统计。

（一）基本概念

数据质量维度，即提供一种测量和管理数据的方式。数据质量的高低需要进行科学评价,以确定被使用数据是否满足需求,是否能够真正支持其预期用途。配送数据质量维度,即配送数据质量的评价标准,用于衡量配送数据的某个方面。配送数据类型不同、应用主题不同,采用评价数据质量维度及其侧重点也会不同,因此,合理且有效地评价配送数据质量,必须科学确定配送数据质量维度,评估检查与治理的可操作性。

(二)质量维度统计

参照国际机构、政府部门和相关行业领域在数据治理过程中当前采用的数据质量维度,梳理汇总形成表2-1。

表2-1   当前数据质量维度汇总

序号	单位、行业或领域	数据质量维度
国际机构、外国政府部门选用的数据质量维度		
1	国际货币基金组织	诚信的保证、方法的健全、准确性和可靠性、适用性以及可获取性
2	欧盟统计局	相关性、准确性、可比性、连贯性、时效性和准时性、可访问性和清晰度
3	联合国粮食及农业组织	相关性、准确性、时效性、准时性、可访问性和明确性、可比性、一致性、完整性、源数据的完备性
4	美国联邦政府	实用性、客观性(准确、可靠、清晰、完整、无歧义)、安全性
5	美国商务部	可比性、准确性、适用性
6	美国国防部	准确性、完整性、一致性(数据源关联一致)、适时性、唯一性(仅存在1个版本)及有效性
7	加拿大统计局	准确性、时效性、适用性、可访问性、衔接性、可解释性
8	澳大利亚统计局	准确性、时效性、适用性、可访问性、方法科学性
国内相关行业领域选用的数据质量维度		
9	烟草行业	准确性、完整性、一致性、时效性、可解释性、可访问性

续表

序号	单位、行业或领域	数据质量维度
10	气象通信行业	科学性、标准化、共享性、时效性、稳定性、可维护性
11	特定领域	完全性、一致性、准确性、唯一性、时效性、可解释性
12	医疗行业	一致性、可靠性、可用性、适用性
13	交通行业	完整性、有效性、准确性、实时性
14	地理信息系统领域	位置精度、现势性、一致性、完整性、可靠性

结合国际机构、政府部门和我国典型行业等相关数据需求和数据质量的基本要求，经分析、归类并统计后，各个数据质量维度出现的频率如表2-2所示。

表2-2　　　　　　　　　　数据质量维度频率统计

序号	数据质量维度归类	数据质量维度	权重
1	准确性/位置精度/可靠性/诚信的保证	准确性	17
2	实用性/有用性/可用性/相关性	有用性	10
3	可获取性/可访问性/共享性/安全性	可访问性	10
4	及时性/准时性/时效性/有效性/现势性	时效性	10
5	完整性/源数据的完备性/完全性	完整性	7
6	清晰/明确性/可解释性/无歧义	可解释性	6
7	一致性/连贯性/衔接性/稳定性	一致性	9
8	可比性	可比性	3
9	唯一性	唯一性	2
10	方法的健全/方法科学性/科学性	方法科学性	3
11	标准化	标准化	1
12	可维护性	可维护性	1

出现频率≥50%的7类数据质量维度，分别是完整性、准确性、一致性、时效性、可访问性、可解释性、有用性等维度，其中，完整性是任意数据记录或者数据集的全面完全性，能够按需提供所需的数据集；准确性是客观性和正确性描述；一致性是相关数据关联和后续业务的连贯性能够有效回溯的描述；时效性的简单理解，就是应用的数据还在数据生命周期内，且是有用的描述；可访问性是各级数据需求对象能够按需求获取数据集的描述；可解释性，数据没有歧义，且能够确保应用主题正确性的描述；有用性同适用性，这个维度的含义比较难以测量，因领域因主题而异，难以通过量化方式评价，只有在数据驱动决策，进而付诸实施后才能够正确评价，因此该维度可以是一个综合评价指标。

二、配送数据质量维度

主要包括配送数据质量维度构成、质量维度指标构成两部分。

（一）质量维度构成

配送数据质量维度是配送数据质量的评估指标。综合考虑配送结构化数据和半（非）结构化数据的标准化要求和开发应用需求，以配送（综合）数据库的某字段、某记录/文档和某记录集/集合，或者某数据元素、某数据结构、某数据集合为牵引，围绕数据准确性、数据完整性、数据一致性、数据时效性、数据可解释性、数据可访问性和数据有用性7个维度。数据唯一性维度管理要求是美国国防部和特定领域的数据质量管理要求，从管理方法上，在数据完整性和数据准确性满足要求的条件下，重点是解决多源数据关联的正确性，因此将该维度及其检查内容纳入数据准确性维度的管理要求。

配送数据质量维度由7个维度要素组成，即数据准确性、数据完整性、数据时效性、数据有用性、数据可访问性、数据可解释性、数据一致性。

数据的完整性维度、准确性维度和一致性维度，是质量管控的首要目标，是判断数据是否有用的最基本要求。完整性维度用于判断应用主题按需获取的数据齐全程度，准确性维度用于衡量按需获取的数据客观性和精确性，一致性维度用于判断按需获取的数据"能量"守恒程度。

数据的时效性维度、可访问性维度，是判断数据是否可用、数据是否能够被应用的依据，时效性维度用于判断数据是否及时更新，可访问性维度用于衡量数据能够按需求获取的程度。

数据可解释性，是判断获取的、存储的、应用的数据的可追溯程度，以及数据集被开发与应用过程的使用原因和结果的可理解程度。

（二）质量维度指标构成

参考有关文献，考虑配送数据开发与应用的有关需求，研究提出配送数据质量维度指标体系，如图2-1所示。

由图2-1可知，配送数据质量维度指标体系由7项一级维度指标构成、24项二级维度指标构成。为更好地应用数据质量维度指标对配送数据质量维度进行评价，逐步提高配送数据的有用性，并对未配送数据的开发与应用问题及时预警，综合相关文献和配送特点，对逐个维度进行研究，提出指标检查评价方法。

1. 数据准确性

数据准确性是指数据的正确性、可靠性和可鉴别的程度，相关维度主要是数据完整性、可解释性和可用性。典型问题有数据是否符合实际，是否存在造假、预估等拼凑的数据；数据精确性，数据的精度是否符合要求。具体指标如下。

（1）数据表达清楚且无歧义，正确的数据表达符号是否清晰明了，测量表达方式是由专家对抽样数据，根据其针对的用户层次或业务主题，评判数据表达是否清晰，含义是否唯一。评价等级为好、较好、一般、较差、差5个等级。

（2）数据真实度是反映数据真实性的度量指标，是数据质量的重要评价

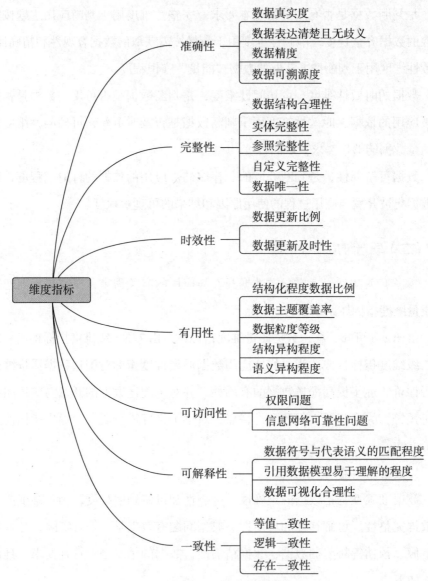

图 2-1　配送数据质量维度指标体系

标准，测量表达方式是专家抽样审核和用户根据应用反馈的方式。其评价方法是由专家对采集的数据进行统计分析，评价等级分为好（≥90%）、较好（≥80%且<90%）、一般（≥70%且<80%）、较差（≥60%且<70%）、差（<60%）5个等级。

（3）数据精度用于测量数据的精确性，抽样的数据与基准数据的误差。在数据采集中由专家通过抽查数据记录的精确程度给出数据精度合理的表述，评价等级分为好（≥99.9%）、较好（≥99%且<99.9%）、一般（≥90%且<99%）、较差（≥85%且<90%）、差（<85%）5个等级。

（4）数据可溯源度用于评价数据获取来源，其评价方法主要是对采集数据的附加溯源信息的自动校验。由专家对数据抽样，核实数据采集、传输、存储、处理和应用的日志，评价设定的数据溯源是否合理、溯源是否有效等指标，评价等级分为好、较好、一般、较差、差5个等级。

2. 数据完整性

数据完整性是指具有一个实体、联系描述的所有必需的部分，相关维度主要是数据准确性、可解释性。典型问题有数据冗余，数据聚集后存在冗余数据；数据遗漏，数据聚集后缺少应有的属性数据。具体指标如下。

（1）数据结构合理性，主要从两个方面进行评价。结构化数据重点围绕三范式，半（非）结构化数据重点围绕键-值数据模型展开，关系到数据存储、数据组织方式。评价规则包括数据结构设计是否符合三范式、数据结构可维护性、数据模型有效性等，由专家根据评价规则抽查多源数据结构的设计情况和实际运行，在支撑可维护性等方面给出评价，评价等级分为好、较好、一般、较差、差5个等级。

（2）实体完整性，衡量实体字段或键-值的幅度满足领域相关业务主题需求数据元素的程度。评价规则主要包括配送主数据幅度满足度、业务数据幅度满足度等。由用户和专家以业务主题数据需求为牵引，用户权重与专家权重比为6∶4，评价等级分为好、较好、一般、较差、差5个等级。

（3）参照完整性，按照数据结构化程度进行评价，评价原则主要包括冗余度等内容。由专家以业务主题数据需求为牵引，按照评价规则进行评价，评价等级分为好、较好、一般、较差、差5个等级。

（4）自定义完整性，主要是针对关系型数据库表字段、非关系型数据库文档键–值的值域，定义是否合理，是否按照约定进行数据采集、存储等。评价原则主要是数据元素值域是否定义、数据元素格式是否规范、数据元素之间关系是否建立、数据约束是否启用等，由专家根据评价规则进行抽样评价，评价等级分为好、较好、一般、较差、差5个等级。

（5）数据唯一性，是指存在的记录是唯一的、无重复的一个值或版本。

3. 数据时效性

数据时效性是指相对当前任务，数据是最新数据的程度。一般用时效性来考察数据的时间特性对应用的满足程度。数据从产生、发展到消亡，有一个相对的有效期。不同类型的应用对数据的时间特性有不同的要求，即在一定时间内数据驱动决策的价值属性，体现为一个任务中数据充分更新的程度、更新的平均期限，相关维度主要是准确性和可解释性。典型问题包括：录入及时性，是否按要求及时录入或采集数据；审核及时性，是否按要求及时审核数据；传输及时性，是否按要求及时把数据从一点传输到另一点；处理及时性，数据处理过程是否按要求及时处理完毕。具体指标如下。

（1）数据更新比例，指用新数据替换旧数据，数据包括不同结构化程度数据和文件系统数据。判断标准是数据更新策略和更新比例等要求，由配送 DQSS 自动统计分析数据更新比例，评价等级分为好（≥90%）、较好（≥75%且<90%）、一般（≥60%且<75%）、较差（≥45%且<60%）、差（<45%）5个等级。

（2）数据更新及时性，指与数据更新的基准时间相比，数据是否按照要求采集、传输、存储到指定位置。根据专家抽查和用户实际获取应用情况，给出数据更新及时性评判，划分为好、较好、一般、较差、差5个等级。

4. 数据有用性

数据有用性是指获取或采集的数据是否有用，是否能够为同领域、同专业的相关用户提供有价值的数据，且被正确运用产生价值。数据不在于多，而在于可用且有用。相关维度主要包括完整性、准确性、时效性、可解释性、可访问性。维度指标主要有结构化程度数据比例、数据主题覆盖率、数据粒度等级、结构异构程度、语义异构程度等。

（1）结构化程度数据比例，指结构化数据、半结构化数据和非结构化数据的比例关系，据统计，半（非）结构化占比较多的情况下，"让数据说话"效能会更好。测量表达方式为：

半（非）结构化数据占比 ={半（非）结构化数据总记录数/相关数据源总记录数}×100%

（2）数据主题覆盖率，指相关数据源满足配送数据需求的程度。测量表达方式为用户根据开发与应用配送数据满足业务需求的程度来确定，评价等级分为好、较好、一般、较差、差5个等级，利用简易统计学方法推导出数据主题覆盖率。

（3）数据粒度等级，指相关数据源遵从数据范式和数据汇总的程度。测量表达方式主要是由专家、用户结合实际情况，对各个数据结构和获取的数据汇总程度进行打分，即对数据结构范式等级、数据支撑业务范围进行逐一打分，利用简易统计学方法推导出数据粒度等级，粒度越小，面向主题越广。但是粒度等级确定应针对不同层次的用户，配送系统各要素管理的数据粒度为最小、各业务管理的数据粒度次之、集中管控（即决策层）用到的数据粒度最大。

（4）结构异构程度，指围绕业务主题，将各个数据源与基准数据源相比，分析相关数据源的数据结构异构情况。测量表达方式是由专家对相关数据源的相关主题数据和业务数据的表结构进行评价，将异构程度划分为：

主数据（业务数据）异构率 ={某数据源主数据（业务数据）异构数量/基准主数据（业务数据）总量}×100%

（5）语义异构程度，指围绕业务主题，将各个数据源与基准数据源相比，分析相关数据源的数据语义异构情况。测量表达方式是由专家对相关数据源的相关主题数据和业务数据的表结构进行评价，将异构程度划分为：

主数据（业务数据）异构率 ={某数据源主数据（业务数据）属性异构数量/基准主数据属性总量}×100%

5. 数据可访问性

数据可访问性是指需要的数据是公开的、可以方便地获取或者允许授权后进行下载和使用的程度，相关维度主要是数据有用性。典型问题是权限问题和信息网络可靠性问题。

维度指标主要是数据可访问性，判断标准是系统功能、获取途径等，测量表达方式由用户和专家根据数据获取方法给数据可访问性打分，划分为好、较好、中、较差、差5个等级。

6. 数据可解释性

数据可解释性是指数据被使用者正确理解的程度。相关维度主要是数据完整性、数据准确性、数据可用性、数据时效性。典型问题是数据存储和应用显示难以理解，未能清晰表达，影响数据的可用性。维度指标主要包括数据符号与代表语义的匹配程度、应用数据模型易于理解的程度、数据可视化合理性。

（1）数据符号与代表语义的匹配程度，主要由专家和用户对采集和存储的数据进行抽样评判，以及实际使用过程中对数据认识给出评价，结果划分为好、较好、一般、较差、差5个等级。

（2）引用数据模型易于理解的程度，数据采集、处理过程中采用的数据模型的复杂程度，是否易于理解。评判标准是模型简易实用程度、复杂模型认可度等，由专家和用户对采用的数学模型进行评判，结果划分为好、较好、一般、较差、差5个等级。

（3）数据可视化合理性，各种统计分析采用的数据可视化形式是否有效，是否有利于用户理解和应用。主要由用户根据实际应用需要和理解给出评判，结果划分为好、较好、一般、较差、差5个等级。

7. 数据一致性

数据一致性通常是指关联数据之间的逻辑关系是否正确和完整。通常是指在不同的地方存储和使用的同一数据应当是等价的事实。针对结构化数据的一致性问题，评价原则主要包括等值一致性、逻辑一致性和存在一致性。评价等级分为好、较好、一般、较差、差5个等级。

三、配送数据质量维度模型

配送数据质量评估基础是配送数据质量维度的评估，需要探究配送数据质量维度及其指标的编码运用，前提就是要进行配送数据质量维度模型管理，以及确定各维度及其指标的定性和定量表达方法，为数据质量的测量、评估、修订、预警和跟踪的数据业务提供支持。

（一）模型构成

构成配送数据质量评估模型的要素分别为：基础模型、定义模型、控制模型、评价模型、辅助模型，如图2-2所示。

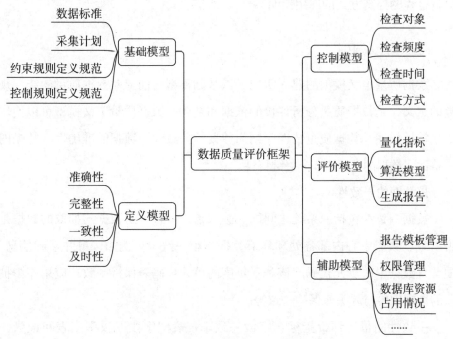

图2-2　配送数据质量评估框架

（二）基础模型

数据质量基础模型部分是整个模型框架的支撑核心部分，其他质量模型的定义和控制必须以基础模型中的计划和标准为依据。基础模型主要是映射、定义数据标准，上载分单位的采集计划，同时纳入了约束规则定义规范、控制规则定义规范。

数据标准分为两部分：一部分是直接映射应用中的标准，例如源数据库标准；另一部分是针对新增应用库和项目库标准的定义规范，包括代码定义标准、数据项定义标准（例如，是取英文还是汉语拼音，取几个字符）、值域定义标准等新增标准的建立规范。

采集计划：采集单位的每月上载的日度、月度、年度采集计划。

约束规则定义规范：主要描述质量定义模型中的语法构成。

控制规则定义规范：针对服务器负载和采集表的及时性要求建立的后台执行过程的控制方式的使用说明。

（三）定义模型

数据质量定义模型的建立实现了以基础模型为前提对数据质量的统一规范的定义，是数据质量分析评价的依据和基础。数据质量定义模型可以使用质量特性描述。数据质量特性归纳为数据的一致性、数据的准确性、数据的完整性、数据的及时性4个关键特性。

1. **数据的一致性**

数据一致性包括源系统之间同一数据是否一致、源数据与抽取的数据是否一致、数据中心内部各处理环节数据是否一致等。例如，单井基础信息、油井日数据中的单元代码应该和本年度的单元代码表保持一致；应用库中抽取的数据项要与源头库保持一致等。

一致性的量化评价指标：字段一致率、表间字段一致率、表间记录一致率。

2. **数据的准确性**

数据准确性包括数据源是否准确、数据值域是否符合业务规则和客观事实、编码映射关系是否准确、处理逻辑是否准确等。例如，作业日记的数据应该来源于作业队而不是采油队；一天的生产时间最长不可能超过24小时；水井干线压力要介于0~40兆帕。

准确性的量化评价指标：准确率、差错率、问题字段个数、问题记录覆盖率。

3. 数据的及时性

数据及时性包括数据处理（获取、整理、加载等）的及时性、数据异常检测的及时性、数据处理更新的及时性等。例如，一口井油转水了，采集单位没有及时更改数据，不仅会影响队到矿、矿到厂的产量，更会影响厂到局的产量和油水井数，而且取自该源数据的所有应用系统当天的诊断决策都会发生偏差。数据滞后的更新将严重影响生产的正常化。

及时性的量化评价指标：采集项目及时率、单位入库及时率。

4. 数据的完整性

数据完整性包括数据源是否完整、数据取值是否完整、实体类型、属性特征、维度取值是否完整等。例如，要完成井筒的计算机屏幕再现，它包含的数据包括钻井数据、固井数据、套管数据、井径测井数据、井斜数据等，这里存在多个数据源情况，如果数据源不完整，或者套管数据中缺失数据项下深或者壁厚，井筒就不可能完整成像。

完整性的量化评价指标：字段缺失数、缺失记录覆盖率、计划完成率。

（四）控制模型

数据质量控制模型以数据质量定义模型为基础，按照定义的检查范围和时间以自动或手工方式完成对数据质量的检查工作。在质量控制过程中违反了数据质量定义的，视为数据质量问题，数据质量问题直接通过数据质量的关键特性和指标反映出来。数据质量控制模型的控制内容表现在：对数据检查对象、数据检查频度、数据检查时间、数据检查方式等方面进行控制。

（1）数据检查对象，是指根据采集计划设定需要检查的用户、专业数据表、数据库实体。

（2）数据检查频度，是指根据数据表的采集计划和实际发生的频度，设定存储过程的检查执行频率。

（3）数据检查时间，是指根据每日生产应用的密集时间以及数据发生到采集入库的密集时间，综合设定一个检查开始执行的时间。

（4）数据检查方式，是指执行检查过程的方式可以由后台过程自动控制，每间隔2小时自动检查一次；也可以由人工干预手动检查，任意时刻都可以执行检查（当然尽量选择数据库流量比较低的时候）。

（五）评价模型

数据质量评价模型，是以数据质量定义模型为依据，由数据质量控制模型操控执行，根据反馈的质量检查结果表，评议出数据质量的关键指标，实现对数据质量的量化诊断和评价。

数据质量评价模型功能的核心，是通过对基础模型中的采集计划和约束规则的处理，由控制模型调用可以实现检查分析的后台存储过程在实体库中执行检查，形成查询结果，再由分析程序进行分析、计算、分类、汇总，生成反映采集计划完成情况和数据质量量化指标的结果，存储到分析结果表中，从前台调用这个分析结果表，就可以生成一份详尽的反映数据质量问题各类量化指标的数据质量分析评估报告，展现所评估实体库的数据入库的及时率、数据上报的完整性、数据采集的一致性、数据入库的准确率。

（六）辅助模型

数据质量辅助模型包括报告模板管理、权限管理、数据库资源占用情况等。

1. 报告模板管理

针对配送数据质量特征，结合实际数据测量和评估情况，动态修订现有报告模板的结构及其要素。

2. 权限管理

配送数据质量管理与治理涉及用户（业务人员）、保障机构（软件运维、数据库管理的人员）和领域专家（数据资源管理专家、政策标准制定机构）、技术支撑力量（网络系统、系统研发的相关机构）等。

需要正确设置数据质量管理与治理的审核、批准和修改的权限。配送数据质量管理与治理过程中，首要是验证用户身份，身份确认后分配其数据管理与治理的权限，提高权限设置的灵活性和可靠性。

3. 数据库资源占用情况

统计监控数据库连接数、最大耗时进程，是否有排队资源，统计数据库服务资源总数与占用数，查询缺失的索引数量或查询语句，分析数据库表内字段及长度的适应及利用率等情况，为后续数据库优化提供支持。

第二节 配送数据质量评估模型

数据是业务数据库系统中的内容，并通过界面提供给用户。用户根据界面显示的数据接收信息。

一、概述

目前，结构化数据模型已经非常完善，特别是关系数据模型，而半结构化数据模型、非结构化数据模型也取得了非常大的成功，比如，谷歌的 Hadoop、Reduce 等大型数据库。但是，支撑实际业务工作中半（非）结构化数据模型还有待向小型化、易于部署的方向发展。无论选择何种数据模型，都需要与数据质量评估规则科学融合。数据质量评估规则应随业务需求而变，而不是一成不变的，应针对配送具体需求研究与定制规则，另外，配送数据质量维度也会因业务特点而不同。

（一）评估规则应用模式

考虑到数据质量评级原则是围绕被检查对象的，与维度指标的关系因被检查对象而改变。一般情况下，被检查对象不需要被校验七个维度（见图2-3）。维度指标检查规则定制与应用模式：被检查数据对象→数据质量维度→相关的数据质量维度指标→若干检查规则→系统自动或人工实施校验→更新问题清单→重复上述步骤。

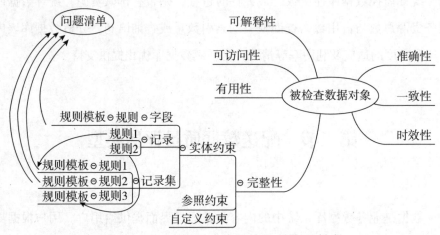

图2-3　配送数据质量评估规则应用模式

（二）评估规则定制原则

围绕明确的各个维度指标评价重点，结合被检查的字段及值域、记录、记录集等质量要求，有针对性地提出了各个维度指标的检查规则，规则结构表达方式主要是"如果条件为真 那么评价结果量化 否则评价结果不量化"，根据系统自动评价和专家打分的形式，确定维度评价等级。但是，针对不同配送业务需求，不同维度及其维度指标的权重也不同。

为提高评价规则的可维护性和拓展性，易于计算机识别与应用，将评价规则所包含要素以数据库结构形式存储。评价规则的数据结构应包括被检查数据对象、维度指标、规则模板等字段。

1. 数据对象

数据对象是指被检查数据对象，主要是字段、记录/文档的标识。字段来自元数据。比如，物资质量状况、装备质量状况字段标识，物资储备实力、装备统计实力的记录标识，半（非）结构化数据的基本属性、语义特征等标识。被检查数据对象标识来自基准数据库的元数据表，元数据包含了所有相关数据源的数据结构描述及特殊要求。

2. 维度指标

主要维度及其指标的标识，来自维度指标库表，每项被检查数据对象对应一个以上维度及其指标。维度指标标识来自维度指标数据库表。

3. 规则模板

主要存储校验条件，各项规则按"要素"拆分。规则模板本身就是一个数据结构，由若干子字段组成，包括检查类型、计算方式、首尾条件、复合条件、检查结果、知识标识。

（1）检查类型，是系统自动检验的标志。主要包括结构约束（编码结构、日期格式、精度约束、关键词格式等）、日期约束、数值约束、字段约束、关键词约束、特征值约束、字典约束、内容约束等组成。

（2）计算方式，是系统自动运算的逻辑符号标志。主要包括区间与日期约束、数值约束配对使用，定制内容存储在首尾条件字段；大于等于、小于等于，定制内容存储在首条件字段；SQL语句（代码校验、内容校验）、公式，与字典约束、特征值约束、内容约束配对使用，定制内容主要存储在复合条件字段，等等。

（3）首尾条件、复合条件，主要用于存储对被检测数据对象的逻辑规则。

（4）检查结果，用于给出逻辑规则的判断结果。主要结构是如果条件正确，则标记为"否"，否则标记为"是"。

（5）知识标识。对应知识库中相应的逻辑规则的解释和说明的记录标识。

（三）评估规则编码示例

根据规则数据结构和定制原则，围绕配送数据资源的几点字段，展示评价规则定制方式，以及相关约束。示例如表2-3所示。

表2-3　　　　　　　　　　　　评价规则编码示例

数据对象	检查类型	计算方式	首条件	尾条件	复合条件	检查结果	知识标识
质量状况	字典约束	代码校验			Select 代码 from 质量 状况 where 代码 =?	≥1?否：是	ZS128902
质量状况	日期约束	公式			当前日期 –?	≤2?XP：#	ZS515066
装备编号	编码结构	符合			#### ####	<>8?是：否	ZS418525
入库日期	字段约束	大于	出厂日期			>0?否：是	ZS225443
入库数量	数值约束	空值				ISNULL?是：否	ZS611538
维修情况	关键词 约束	符合			?小修?中 修?大修	=3?否：是	ZS515066
语义特征	特征值 约束	符合			?概要描 述?主题? 多媒体?标 识?……	=x?否：是	ZS708148
托盘集装 单元质量	数值约束	区间	500	10000		1?否：是	ZS997771
供应商	字典约束	代码校验			Select 代码 from 供应 商 where 代 码 =?	≥1?否：是	ZS901068
供应商	字典约束	内容校验			Select 名称 from 供应 商 where 名 称 =?	≥1?否：是	ZS901068
……							

二、半结构化数据模型

根据前面概念，半结构化数据可理解为结构隐含或无规则、不严谨的自我描述型数据。它既不同于毫无结构的文件系统，也不具备数据库系统严谨的结构，而是介于两者之间。数据通常来自不同的数据源，极其不规则。众所周知，SQL 数据库，特别是关系型数据库，都存在一个数据库系统框架，即模式，它用来描述数据及其之间的关系，模式与数据完全分离。但是在半结构化数据环境中，模式信息通常包含在数据中，即模式与数据间的界限混淆，这样的数据称作自我描述型数据；某些自我描述型数据中存在结构，但不清晰明显，需要从中提取；某些数据的结构清晰可见，但是不严谨，如采用不同的方式表达同一信息。因此，由于结构不规则且经常变动，传统数据库技术无法直接应用于半结构化数据，这些问题需要用数据转换来解决，假设我们对数据源的结构全部了解，并确定数据源不会再扩展时，逐个进行转换也许能够解决问题。

（一）数据模型研究现状

目前，对半结构化数据及其模式主要有以下几种描述方法：基于图的描述形式、基于树的描述形式、基于逻辑的描述形式、基于关系的描述形式以及基于对象的描述形式。其中，基于图的描述形式一般对半结构化数据采用标记有向图来表示，显著优点是模式和数据采用同一种数据模型图模型，非常便于处理。基于树的描述形式比基于图的描述形式简单，同样具有模式和数据采用同一数据模型的优点，但不能直接利用树状数据模型表达图状数据。基于逻辑的描述形式是重要的一类，如描述逻辑、一阶逻辑等。上述模型非常类似，仅在表达能力等方面有差别。当前最为典型的是基于 Data log 的模式描述形式，这是一种"对象 + 逻辑规则"的描述方法。

（二）数据模型主要特征

根据有关文献，半结构化数据模型具有以下特征。

（1）半结构化数据模型是一种数据库模型，但与传统的关系模型或面向对象的数据模型有所不同，在这个模型中，模式包含于数据中，而不像关系模型那样，模式与数据严格区分，并且在这种模型中，模式来源于数据，是先有数据、后有模式，这与传统数据库模型正好相反。

（2）半结构化数据模型的结构并非一成不变，其复杂程度取决于实际的应用，可以根据需要进行定制，其模式是非精确的，不对数据结构进行强制约束，只描述数据的结构信息，它可能只描述数据的一部分结构，也可能根据数据处理不同阶段的视角不同而不同。

（3）半结构化数据模型结构因其动态可变性，它可以在不同结构的数据库间进行数据交互，提供灵活的数据格式。

（4）半结构化数据模型可以帮助用户出于浏览的目的把结构化数据当作半结构化数据来查看。

（5）不同结构的数据库间数据的传输格式可相互移植。

（6）半结构化数据模型结构的可变性，加大了数据处理的难度。

（三）数据和数据质量模型

数据和数据质量（Data and Data Quality，D^2Q）模型可用于检验数据的准确性、一致性、完整性和实时性，是一种半结构化的模型，数据质量维度可以关联到数据模型的不同元素上，范围从单个数据值到整个数据源。该模型是一种用于增强XML数据模型的半结构化模型，可以使用它来表达数据质量。

1. 数据模型

定义1：数据类别，可表示为（类别名称，<属性1名称，数据类型>，<属性2名称，数据类型>，<属性3名称，数据类型>……），数据类型应为数据库内设数据类型，比如，整型、字符型、浮点型、日期型，也可以是其他数据类型的集合。

定义2：数据模式，D^2Q 模型是一个带方向、有节点和边标签的图。其中，节点分为两种，一种是数据类别节点，另一种是叶子节点，表示基本的类别属性。数据类别节点和叶子节点都有标签，前者表示为<类别名称：类别>，后者表示为<属性名称：类型>。此外，在边标签上还可以指明两个有联系的节点的一对一、一对多、多对多的量化关系。

数据类别及属性描述如下。

文书类别：<配送文书>

<配送文书>属性：<文号，字符型><文书名称，字符型><接收单位，字符数组><文书内容，字符型>，其中"文书内容"属性是典型的不能预先定义的数据，但是根据系统内文书编写要求，应能预先定义部分属性。

<配送文书>子类别：<配送单><调拨单>。

<配送单>子类别属性：<编号，字符型><配送明细，数据结构>。

<调拨单>子类别属性：<编号，字符型><调拨明细，数据结构>。

上述数据质量模型的数据结构显示结果，如图2-4所示。

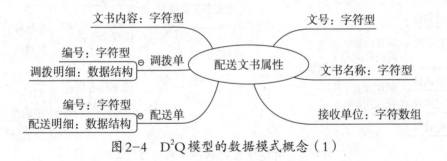

图2-4　D²Q模型的数据模式概念（1）

2. 数据质量模型

D²Q模型也分为质量类别和质量模式。质量类别对应质量维度，包括准确性、完整性、一致性、时效性等7个维度。同时，每一个质量类别都有各自的域值，一个质量类别关联到每个数据类别和每个属性上。

配送文书质量：<配送结构质量>。

<配送结构质量>属性：<文号质量，文号><文书名称质量，文书名称><接收单位质量，接收单位><文书内容质量，文书内容><配送单质量，配送单><调拨单质量，调拨单><编号质量，配送单编号><编号质量，调拨单编号>

<明细质量，批次明细><明细质量，调拨明细>。

上述示例的数据质量模型显示结果，如图2-5所示。

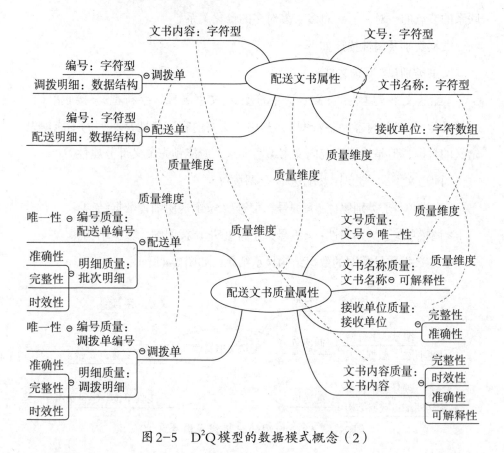

图2-5　D^{2}Q模型的数据模式概念（2）

图2-5显示的数据与数据质量模型的关系，相当于在数据模型基础上，为数据类型、类型属性定制数据质量维度，为后续数据质量按照维度指标检查提供逻辑基础。

三、非结构化数据模型

非结构化数据占据数据总量的80%以上。不同于存储在传统数据库中的结构化数据，非结构化数据由于缺乏明确的语义结构使得计算机在解释这些数据时面临较大困难。因此，对非结构化数据进行数据管理和数据质量评价远比结构化数据要复杂得多。对于非结构化数据的处理通常采用"非结构化数据→半结构化数据→结构化数据"的逐步转换方式，还有一种则是采用"非结构化数据→结构化数据"的直接转换方式。目前，非结构化数据模型主要有基于关系数据库方法、面向对象模型方法、E-R图的非结构化数据模型，针对多媒体的多层次数据模型、四面体数据模型等，各个模型各有优缺点。

（一）非结构化数据特征

文本、图像、图形、音频、视频等非结构化数据没有统一的结构，一般采用对原始数据（二进制数据）进行存储和整体应用，代表的语义难以直接被计算机理解与处理。为有效管理与应用非结构化数据，最基本的途径是描述数据，然后使用描述信息来实现数据操作。基于语义描述的关键字、底层特征描述，或者基于概念的语义描述是目前用来描述非结构化数据的主要方式。非结构化数据由基本属性、语义特征、底层特征和原始数据，以及各个元素之间的关系构成。

（1）基本属性。所有的非结构化数据都具有名称、类型、创建者、创建时间、发布时间、容量等基本属性，这些基本属性不涉及数据的语义，其含义可以预设且非常明确。

（2）语义特征。语义特征是指使用文本描述的非结构化数据的创作意图、主题说明、底层特征的语义特征。该类语义特征能够直接被结构化处理。

（3）底层特征。底层特征是指使用各种专用数据处理技术，获取图像、语音、视频等非结构化数据的特征属性。比如，图像的像素、颜色位数、特殊标志等特征。

（4）原始数据。原始数据是指非结构化数据的二进制文件。

（二）四面体模型结构

四面体模型是由一个顶点、四个面和面与面之间的棱连线构成的模型。

顶点表达一个数据文件的唯一性标识；底面表达原始数据；三个侧面分别表示数据的基本属性、语义特征以及底层特征；面与面之间的连线表示面与面之间数据元素之间的关系。如图2-6所示。

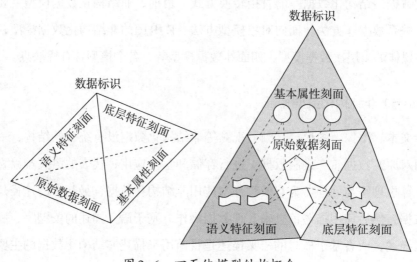

图2-6　四面体模型结构概念

由图2-6可知，四面体模型结构由六元组组成：①四面体模型顶点是基本属性刻面、语义特征刻面和底层特征刻面的交汇点；②基本属性刻面是非结构化数据的基本属性刻面，面上的点表示数据基本信息的集合，比如类型、创建时间、创建者等；③语义特征刻面是非结构化数据的语义特征面，面上的点表示一项以文字形式描述的数据语义信息，比如主题说明、创作意图和底层特征的语义特征等；④底层特征刻面是非结构化数据的底层特征面，面上的点表示利用特征处理技术获得的一种底层特征，比如音频数据的音调、音高、音色等，视频数据的关键帧、场景、段等，图像数据的材质、颜色、纹理、形状等；⑤原始数据刻面表示原始数据（二进制数据）的面，面上的点表示一个原始数据文件；⑥非结构化数据关系是各个面上数据对象之间连线的集合，每条连线表示两个数据对象之间的关系。

（三）四面体模型描述

四面体数据模型并不包含任何与实现相关的元素，它是数据库管理系统中的一种逻辑模式，比如，关系数据模型。因此，可将非结构化的数据模型划分为逻辑层和物理层，实现数据独立性。四面体模型结构设计概念如图2-7所示。

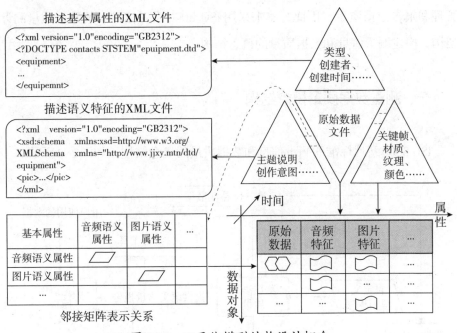

图 2-7　四面体模型结构设计概念

非结构化数据质量模型构建同半结构化数据模型的建模方法，是在四面体模型建模的基础上，针对四面体顶点、各个基本属性、各个语义特征要素，以及面与面关系各项数据，定制与关联数据质量维度及二级评价指标，然后按实际质量需求，进一步定制评价指标的校验规则等。

第三节　ISO 8000数据质量测评架构

为了及时、经济、高效地创建、收集、存储、维护、传输、处理和显示数据以支持配送业务，既要了解配送数据质量的数据特征，也要能够测量、管理和报告数据质量，因此，本书采用ISO 8000系列标准中的数据质量测评架构，构建测量信息和数据质量的概念结构。

一、测量数据质量概念结构

ISO 8000系列标准的测量信息和数据质量的概念结构，如图2-8所示。

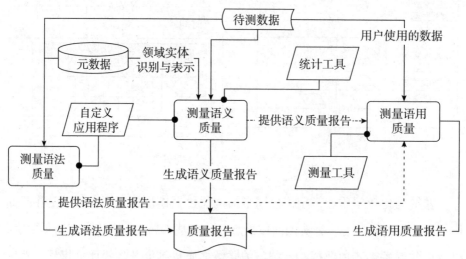

图2-8　ISO 8000系列标准的测量信息和数据质量概念结构

测量信息和数据质量的概念结构分为测量语法质量、测量语义质量和测量语用质量三部分，具有以下特点：为数据质量的计划和执行提供信息和数据质量测量的结构化方法；衡量信息和数据质量的前提条件；报告信息和数据质量测量的要求。其中，语法质量、语义质量和语用质量的定义及概念结构详见后面的章节。

二、质量概念结构与维度融合

ISO 8000系列标准的测量信息和数据质量概念结构，从数据的表示形式及符号、语义正确性和可用性及有用性等方面构建，概念结构以规则和概念模型为中心，组织实施数据质量的测量与评估，且各概念模型之间的测量规则和内容互不重叠、互相补充。

前文提出了测量与评估的方法、手段、内容和时机，并给出了配送数据质量的7个维度，即数据准确性、数据完整性、数据时效性、数据一致性、数据有用性、数据可访问性、数据可解释性。

根据ISO 8000系列标准的测量信息和数据质量概念结构运用条件，将配送数据质量维度关联到相应语法质量、语义质量和语用质量，按照测量规则和测量模型进行符号形式、结构异构、语义异构和有用性的质量管理。

三、数据质量评估关注点

数据质量评估关注点主要包括以下四部分。

（一）评估环节

配送要具有精确性和主动性，为更好地获取及形成配送数据保障能力，应结合配送流程，确定数据评估的环节，着重从以下5个时机进行测量。

（1）数据供应商传递数据时。为更好地控制获取数据的质量，由数据供应商在传递数据时对数据准确性进行测量是最有效且可行的。

（2）获取数据进入数据库时。基于定制的数据创建流程，加强对新创建的数据或"正在进入数据库"的数据的质量进行修订。

（3）在数据库中时。当一个完整的数据集合被存入数据库，就成为组织可用的资源。因此，基于数据库中的数据测量其准确性或许是合适的。另外，这样做比在其他任何地方进行测量通常都要更加容易。

（4）输出数据交付给客户时。在许多情况下，因为客户仅使用数据库中的很小一部分数据，所以当把数据交付给客户时要进行准确性测量。

（5）从客户的角度测量时。因为"质量存在于客户心目之中"，所以可以主张把客户的观点考虑在数据准确性测量之内。

跨整个信息链，理想情况下，希望得到有效的（产生正确的数据值）和高效的（没有返工和低成本）的信息链，因此，需要以端到端的方式对信息链进行测量。

（二）评估内容

由于数据库内有"海量"数据，无论是主数据还是业务数据，数据信息量都较大，实际测量过程中不可能全面测量所有特征数据，因此需要确定测量对象。

（1）基于最重要数据应用的主要特征数据（字段）。大多数情况下，某些特征数据比其他特征数据更重要。其实，许多记录由数十个特征数据构成，但是相对来说几乎没有几个属性会被经常使用。因此，通常将测量与评估的对象定位在某些关键的特征数据上。

（2）来自一个给定数据库的所有数据。比如，在数据挖掘应用中，很难推测哪些数据最为重要，需要对获取的所有特征数据进行测量。

（三）测量方法

采用合适的测量方法和手段才能更好地支撑评估效果。测量方法主要结合测量对象和测量时机等确定，针对每个关注的评估对象（记录、字段）明确测量方法和测量手段。具体测量方法如下。

（1）全信息链数据跟踪。数据跟踪提供了当数据记录首次进入信息链便对其进行抽样的一个手段，跟踪其沿信息链的每一步的变化，并应用业务规则识别不准确性。

（2）专家审查。与数据打交道的人通常极其擅长发现错误。许多人看似能凭直觉理解业务规则，尽管专家不能清楚地表述那些规则。因此，由专家提供的错误数据数量通常是测量准确性的良好基础。

（3）数据值与真实世界的比较。所有测量手段都是替代测量，将数据值与真实世界的对应物进行比较是一种较好的方法。但是，该方法是比较耗时和困难的。

（4）数据值和其定义的值域和约束规则比较。该方法可以借助软件手段进行测量，对于测量单个特征数据比较简单，同时还需要利用约束规则测量判断多特征数据关系是否符合。

（5）用户反馈。用户在实际应用过程中，能够及时反馈配送数据开发与应用中的问题和意见建议。

（6）用户调查。利用网上调查工具，登记、汇总和统计用户对配送数据获取、开发和应用过程中发现的问题及有关意见和建议。

（四）报告尺度

考虑报告结果时采用的尺度，一般包括以下5个方面。

（1）字段级。针对单个字段或特征数据的质量维度进行的测量，测量结果定义为：

字段级质量满足＝判定为"满足"的字段数/实际测量的字段数

字段级质量不满足＝判定为"不满足"的字段数/实际测量的字段数

字段级质量不确定＝判定为"不确定"的字段数/实际测量的字段数

字段级质量不适用＝判定为"不适用"的字段数/实际测量的字段数

（2）记录级。针对记录的所有字段错误情况进行的测量，测量结果定义为：

记录级质量满足＝判定为"满足"的记录数/实际测量的记录数

记录级质量不满足＝判定为"不满足"的记录数/实际测量的记录数

记录级质量不确定＝判定为"不确定"的记录数/实际测量的记录数

记录级质量不适用＝判定为"不适用"的记录数/实际测量的记录数

数据质量测量一般不会仅对一个字段测量，必然是对若干字段构成的记录测量，字段级测量结果支持记录级测量，进而支持整个记录级（特征数据集）的质量测量。

（3）用户满意度。围绕用户开发与应用配送数据情况，给出字段、记录、数据库等评价，质量等级为"满意""不满意""不确定""不适用"之一。

（4）六西格码值。将字段发生错误的概率符合正态分布作为创建测量值的基础，为每个字段赋值西格码值。比如，西格码区分为1至6级，发生错误的概率分别为69.8%、30.9%、8.1%、0.62%、0.02%、0.00034%。

（5）低劣数据质量的代价。区分字段、记录、记录集中影响业务权重，应在报告中给予说明。

上述要素，撰写数据质量报告时应予以考虑，也可根据业务主题需要增加其他测量要素，要具体问题具体分析。

四、数据质量评估采纳的参考值

由于数据质量测量方法及手段多样，测量结果完全一致有难度，因此确定测量结果的质量等级，需要获取各方基本认可的"数值"，且来自权威数据源，这样才能综合评估数据对于用户而言的可信度。

（一）基本概念

参照各类数据质量标准，将采纳的参考值定义为"各方同意的、用于比较的参考值"。

采纳的参考值应来源于：基于科学原理的理论值或实测值、根据某个国家或国际组织的实验工作而赋予的值、根据某一科学或技术小组主持的合作实验工作一致同意的公议值、一组特定测量值的平均值。但是采纳的参考值不仅包括结构化数据，还包括非（半）结构化数据等，既有量化数据，也有定性数据。

（二）基准数据库

考虑配送活动开发与应用数据范围，提出配送数据质量测量的参考值，用于与待检数据测量值的"比较"，主要包括元数据、数据字典和基准数据（含配送相关的数据质量测量评估的政策法规、技术业务标准等资源）。元数据和数据字典的相关知识可参阅有关数据库，以及数据资源管理、管理信息系统分析与设计方面的相关书籍，本节重点介绍了配送数据质量评估所需的基准数据库（见图2-9）。

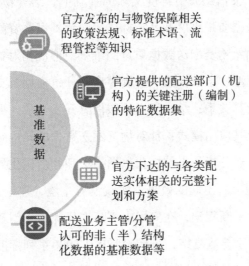

官方发布的与物资保障相关的政策法规、标准术语、流程管控等知识

官方提供的配送部门（机构）的关键注册（编制）的特征数据集

基准数据

官方下达的与各类配送实体相关的完整计划和方案

配送业务主管/分管认可的非（半）结构化数据的基准数据等

图2-9　配送数据质量评估所需的基准数据库构成

针对没有可采纳的参考值的待检数据，提供比对依据的数据基准。围绕配送涉及的实体及其关系，在统计配送数据质量测量及评估需求的基础上，将基准数据库内容分为四类：一是官方下达的与各类配送实体相关的完整计划和方案。比如，下达的年度配送装备统计实力、年度储备物资统计实力和

年度储备物资购置费预算方案等计划数据。二是配送业务主管/分管认可的非（半）结构化数据的基准数据、半（非）结构化数据的要素构成，以及构成要素的关键特征数据集及各特征数据内容"表述"等。比如，数字化储备物资图片或视频等多媒体信息，区分为基本属性、语义特征、底层特征等要素，并明确各要素的特征数据集等。三是官方发布的与物资保障相关的政策法规、标准术语、流程管控等知识。四是官方提供的配送部门（机构）的关键注册（编制）的特征数据集。比如，配送力量和需求单位的编制基本特征数据，以及地方物流配送公司基本特征数据等。

上述基准数据库内包含的各类信息数据，无论是结构化数据还是非（半）结构化数据都应经结构化处理，存储到数据库，支持配送数据质量测量与评估。

本章在研读相关信息质量维度文献的基础上，结合物资配送领域特点，提出了物资配送数据质量维度及其指标体系；为提高物资配送数据质量自动评价的可能性，抽象物资配送数据质量的维度，形成相对独立且有联系的维度模型——基础模型、定义模型、控制模型、评价模型及支撑辅助模型，描述各模型的作用及其关系；结合配送领域信息开发要求，提出了配送数据质量评估逻辑规则及其应用模式；针对物资配送数据的异构问题及其数据规范化标准化问题，重点分析了半结构化数据模型和非结构化数据模型，其实践应用针对不同主题会有不同的效果。实践没有止境，理论创新也没有止境，应随着验证数据的不断积累，在应用中不断迭代优化、创新，形成新的非结构化数据模型及识别算法支持；最后参照ISO 8000系列标准要求，构建了物资配送数据质量管理的概念模型，设计了物资配送数据质量评估环节、内容和测量方法、报告尺度，特别是测量方法和报告尺度，需要结合主题需求动态定制，进而提出评估报告被采纳应建设的基准数据库，基准数据应突出实际运用的有效果和无效果的数据集。

第三章　物资配送数据质量管理系统

围绕配送各环节数据的获取、传输、存储、处理与应用的需求，利用配送数据质量管理系统（Material-Distribution Data-Quality Management System，MDDQMS）进行配送待检数据的抽取与装载、质量测量与评估、问题修订与跟踪，持续提高配送辅助决策支持数据的质量。

第一节　配送数据质量管理内容

随着物联网和大数据技术的深度应用，配送数据海量汇聚，亟待实现配送决策的智能化、智慧化，因此要明确配送数据质量管理的目标和主要内容。

一、数据质量管理目标

围绕配送的合理预计、精确组配、有效配载和主动前送等功能目标，充分开发与应用配送数据，为配送各个环节及其节点决策与作业提供有用的数据。因此，提出配送数据质量管理的具体目标如下。

（1）规范配送数据业务流程，完善配送数据质量管理机制。针对配送数据质量维度及其检查标准，对配送数据的抽取与加载、质量检查与治理和问题预警与监控等业务需求，围绕数据业务流程，定制配送数据质量管理流程。

（2）量化配送数据质量维度，探索配送数据质量管理自动化。以配送数据质量管理自动化为牵引，量化各个维度及其指标，构建以定量为主、定性为辅的评价数学模型，支持配送数据质量的检查、改进、预警和监控的自动化。

（3）改进配送数据质量评价指标，提高配送数据质量及进行潜在价值开发。围绕配送数据质量问题、评价维度指标的实践应用效果，不断增加维度指标、改进维度指标和修正指标规则等质量检测内容，提高配送数据质量治理效果。

二、数据质量管理任务

围绕配送数据质量管理目标，具体任务包括以下五个方面。

（1）制定配送数据质量维度指标体系。在分析配送数据质量问题基础上，合理区分数据质量维度，界定清楚数据质量维度关联关系，进而提出具体维度的评价指标。

（2）定制配送数据质量检查规则（Data-Quality Check-Rules，DQCR）。针对纳入质量管理范围的数据源的字段、记录/文档、记录集/文档集的各项维度指标要求，制定相应检查规则。

（3）构建配送数据质量资源库（Data-Quality Resource Base，DQRB）。为确保配送数据质量检查、评价、改进和预警等工作的持续性，挖掘数据质量历史数据，在知识库支撑下构建配送数据质量资源库，为实现配送数据质量管理自动化提供数据基础。构建的配送数据资源库应包括知识库、规则库、问题清单库和校验基准数据库等。

（4）定制配送数据管理流程（Data-Business Management Process，DBMP）。"没有规矩，不成方圆"，对于配送数据质量管理更是如此，截至目前，还没有成熟的数据管理流程，因此，需要结合配送数据来源、数据质量检查规则、数据质量问题改进方法等需求，科学定制配送数据管理流程。

（5）规划配送数据质量管理平台（Data-Quality Management Plat，DQMP）。以配送数据业务流程为牵引，规划与设计配送数据质量的检查、评估、改进、预警、跟踪等需求功能的数据质量治理系统。

第二节　配送数据质量管理系统需求

流程是由一个或一系列连续有规律的活动构成，这些活动以确定的方式发生或执行。

一、数据质量管理组织关系

数据质量管理组织关系包括数据质量管理环节和数据质量管理机构建立环节。

（一）数据质量管理环节

结合配送信息管理现状，提出数据质量管理由质量计划制订环节、基准数据准备环节、待检数据装载环节、质量核实和验证环节、质量问题修订环节、质量反馈环节6个环节组成，如图3-1所示。

（1）质量计划制订环节，主要任务是配送业务和管理部门及数据质量管理机构，根据配送业务信息保障要求和数据质量问题现状，制定数据质量管理业务流程、检查计划、实施方案和改进方案等，指导配送数据质量管控工作。

（2）基准数据准备环节，主要任务是数据质量管理机构，对配送的元数据、数据字典和基准数据库进行修订，支撑后续待检数据质量的核实和验证工作。

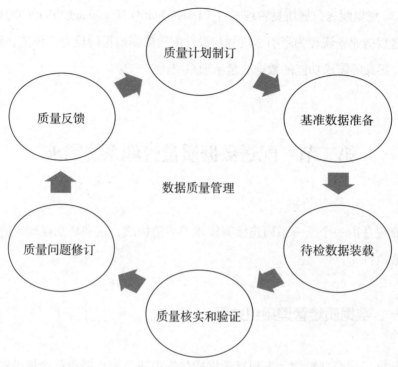

图3-1　配送数据质量管理环节构成

（3）待检数据装载环节，主要任务是数据质量管理机构为配送数据质量的测量与评估提供数据集，并装载到待检数据库的工作。比如，从多源数据库中抽取需要核实和验证的数据到数据仓库等。

（4）质量核实和验证环节，主要任务是数据质量管理机构、用户和专家按需组织，进行制定质量的测量规则、制作流程模型、取得测量结果、形成报告等工作，是配送数据质量管理的核心环节。重要的是关联和融合配送数据语法（语义/语用）质量概念结构与数据质量维度，以及定制相关规则。

（5）质量问题修订环节，主要任务是用户和数据质量管理机构，围绕配送数据质量核实和验证过程中发现的质量问题，对相关配送信息数据进行修订。

（6）质量反馈环节，主要任务是针对配送数据质量问题清单，及时反馈关于数据质量核实和验证结果的建议，并由数据质量管理机构实施相关修订工作。

（二）数据质量管理机构建立环节

配送数据质量管理机构建立环节是基于配送数据质量管理业务流程展开工作的，如配送业务流程涉及的配送部门和配送力量等，为持续提高配送数据质量，依托配送部门的信息保障力量，赋予其承担所处配送环节的数据质量的管控职责，专职（兼职）数据质量主管、数据库管理员和数据技术人员，在配送部门指导下进行数据业务管理与治理工作。

当前，现代物流体系建设中设置的各级配送部门和配送力量，为更好地开发与应用配送系统的数据资源，编设了含有信息保障职能的机构或者专职（兼职）岗位人员。比如，各级配送部门下设的负责保障信息管理和数据库系统运维的机构，即使没有设置相应机构的配送部门和配送力量，也在其下设置了负责数据资源管理或信息保障的专职或兼职岗位人员。

目前，配送数据质量管理还没有专业的数据质量管理机构，相应信息（数据）中心的运维技术力量也不足，因此，为了更好地支撑配送数据化决策效果，编者参考有关文献，提出配送数据质量管理机构架构，如图3-2所示。

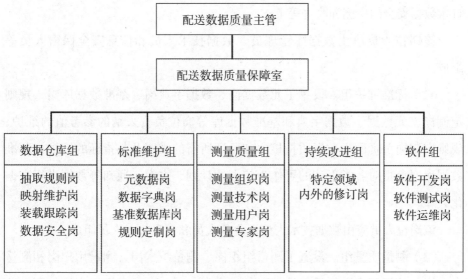

图3-2　配送数据质量管理机构架构

如图3-2所示，配送数据质量管理机构分为配送数据质量主管和配送数据质量保障室两级。

第1级，配送数据质量主管，主要负责配送领域的信息数据管理，跟踪预警配送领域主数据和业务数据的需求，为需求者提供可用且有用的数据集。

该主管应由配送最高决策综合部门领导兼任，这样有利于推动配送数据聚集和标准化应用。

第2级，配送数据质量保障室，落实配送数据质量主管的关于数据质量计划及其要求的机构。该机构人员包括特定领域内外的，既有技术人员也有业务人员，还有相关领域专家。按照配送数据质量管理环节，提出设置数据仓库组、标准维护组、测量质量组、持续改进组和软件组5个组。

（1）数据仓库组。设置了抽取规则岗，负责数据源、特征数据及数据集等抽取转化规则的制定；映射维护岗，该岗位在熟悉业务基础上，日常维护多源数据内关键特征数据的关联关系，是数据抽取转换的基础；装载跟踪岗，按照预设的抽取规则从多源数据内抽取转换数据到待检数据仓库；数据安全岗，负责建设包含特定领域内外的配送环节的数据交换安全防护体系，以及日常数据安全的检测和改进等工作。

该岗位人员应由数据库管理员、数据技术人员和信息安全保密人员等组成。

（2）标准维护组。设置了元数据岗、数据字典岗、基准数据库岗、规则定制岗，元数据、数据字典和基准数据库等岗位负责采纳的参考值的维护；规则定制岗负责配送数据质量核实和验证所需的维度及其指标的维护；基准数据库岗负责对各类下达的可作为依据的计划、方案、通知等数据进行数据化处理。

该岗位人员应由数据技术人员、业务人员和信息技术人员组成。

（3）测量质量组。设置了测量组织岗、测量技术岗、测量用户岗和测量专家岗，按照配送数据质量计划，负责常态化或专项任务组织实施的配送数据质量的测量与评估。

该岗位人员应由数据技术人员、领域专家、用户和数据分析人员等组成。

（4）持续改进组。设置了特定领域内外的修订岗，根据配送数据质量核实和验证发现的数据质量问题，进行修订完善，并将修订过程中的情况反馈至标准维护组和测量质量组。

该岗位人员应由用户、数据质量主管和数据技术人员等组成。

（5）软件组。设置了软件开发岗、软件测试岗和软件运维岗，针对数据质量管理系统的软件功能及信息网络平台，履行软件升级改造、运行测试和平时运行维护等职责。

该岗位人员应由信息技术人员、数据库系统开发人员、专业数据库系统测试人员和专业数据库系统运维人员等组成。

二、数据质量管理流程

在研读相关文献的基础上，编者提出了配送数据质量治理流程：选择数据源→选择数据库表→抽取数据（全选或随机）→判断对象（字段值域、记录、记录集）→加载指标规则→（系统自动/专家人工）判断规则符合程度（定量条件、基准数据、问题清单等）→循环检查→存储数据质量问题→检查完毕→综合评价→数据改进（系统自动、手工修正）→跟踪问题状态→修订依据数据（检查规则、基准数据、知识库）→完善治理环境。

基于配送数据质量评价框架基础，构建基于规则库、基准数据库、问题清单库的数据质量治理框架，如图3-3所示。

由图3-3可知，数据质量检查与评估及其改进的基本过程可概括如下。

（一）数据准备

数据准备是执行数据抽取与质量检查、问题发现与归类、反馈与治理的基础。准备内容包括拟评价数据源（至少有主数据、业务数据）、维度指标体

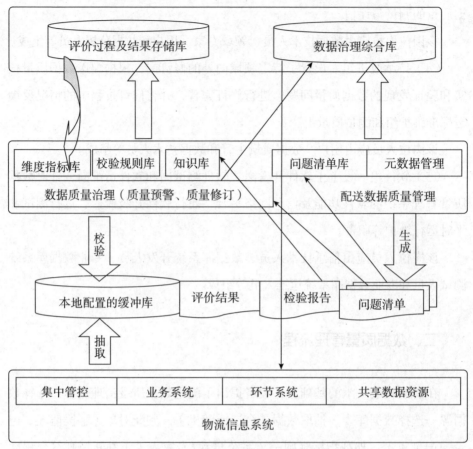

图3-3　配送数据质量治理框架

系、对应维度指标的规则集、典型问题清单集和基准数据源（主数据、业务数据、元数据）。

（二）数据抽取

　　数据抽取是数据质量检查依据的准备阶段。无论是手工评价，还是系统自动评价，无论是针对数据元素、数据记录，还是针对业务主题，都以待检查数据源的数据为牵引。对于源数据库→数据质量管理的数据业务流程，针对确定的检查数据对象，①到基准数据库的元数据库中确定标识与含义；②到维度指标库中获取评价维度及其指标集；③到规则库中根据评价维度指标筛选相应规则；④到问题清单库中筛选待检查数据对象的以往问题。对于元数据库→数据质量管理的数据业务流程，针对拟关联与集合的若干数据源，按照抽取规则确定关联的数据元素或数据记录，明确是主数据还是业务数据后，后续抽取数据步骤同上述的①至④步。

（三）数据质量检查

数据质量检查是对抽取的数据及其评价依据，按照约定的"评价模型"进行系统自动评价和专家与用户手工评价，自动评价为能够严格量化和一定程度上能够自动匹配的数据评价维度指标，对于需要以经验为主、领域知识为辅的数据对象的评价，采用人工评价方式。评价过程中详细记录发现的数据质量问题、问题清单匹配、评价等级等数据，为后续综合评价提供支持。

（四）数据质量评价

数据质量评价分为评价等级确定，系统检查评价结果和人工（比如若干专家、若干用户等）评价结果的汇总统计，给出量化结果；问题清单整理，更新问题清单库中的数据质量记录，按照约定综合评定数据质量等级。

（五）数据质量改进

围绕数据质量问题清单，逐一修正字段值域、记录、记录集的结构异构、语义异构问题，主要是系统自动修正和人工修订。

（六）数据质量预警

针对被定制的被检查数据对象，依据定制的数据质量评价规则与方式，按照定制时间自动检查数据质量问题，以及检查问题清单内数据问题的改进状态。

第三节　配送数据质量管理系统结构

　　系统结构是一种层次表示方法，描述系统要求的各个模块及其关系。系统结构通常以系统结构图方式表示。围绕配送数据质量管理各个环节的功能模块和数据需求，利用数据库系统的系统结构设计方法，规划设计配送数据质量管理平台的功能结构。

一、系统结构设计

　　系统结构设计主要分为系统的设计目标及内容、设计原则和设计方法三部分。

（一）设计目标及内容

　　对于数据库系统而言，其设计至少要达到系统的运行效率高、可靠性强和可修改性好的目标。延长数据库系统的生命周期，既能为用户提供支持手段，又能节省大量人力、物力和经费。

　　系统的设计内容主要包括概要结构设计、详细设计、设计报告等。其中，概要结构设计包括如何导出系统的结构、如何描述系统的结构以及如何评价系统的结构；详细设计包括系统平台设计、代码设计、输入/输出设计、对话设计、数据库或数据文件设计以及模块内部的算法设计。

（二）设计原则

　　系统结构设计主要有3个原则。

　　原则1：模块间耦合要低。耦合是对一个系统结构内不同模块之间的依赖程度。耦合强弱取决于模块间接口的复杂程度。直接影响系统的可理解性、可靠性、可测试性、可维护性。一般耦合程度分为7个等级：非直接耦合、数据耦合、标记耦合、控制耦合、外部耦合、公共耦合、内容耦合，从低耦合到高耦合，耦合越低，系统性能越好。

原则2：模块聚合要高。聚合标志一个模块内各元素彼此结合的紧密程度，它是信息隐蔽和局部化概念的自然扩展。聚合分为7个等级：偶然聚合、逻辑聚合、时间聚合、过程聚合、通信聚合、顺序聚合、功能聚合。聚合程度逐层提高，聚合程度越高性能越好。

原则3：模块扇出和扇入要合理。模块的扇出指一个模块对其直属下级模块的控制范围。模块的扇入指一个模块与其直接的上级模块的关系。模块扇出层数一般不超过3层，扇入要合理。

（三）设计方法

结构化设计方法属于面向数据流的设计方法，适用于任何软件系统的软件结构设计。其主要思想就是将系统设计成由相互独立、单一功能的模块组成的结构，从而简化研制工作，防止错误蔓延，提高系统可靠性。基于结构化分析成果，按照系统设计原则将数据流图转换为模块结构图。

根据系统结构设计原则，选择合适的系统划分方法，提出系统功能结构图。系统划分方法主要有6种：功能划分法，即按业务处理功能划分，特点是紧凑性非常好；顺序划分法，即按业务先后顺序划分，特点也是紧凑性非常好；数据拟合法，即按数据拟合的程度划分；过程划分法，即按业务处理过程划分；时间划分法，即按业务处理时间划分；环境划分法，即按实际环境和网络分布划分。

在系统结构设计过程中，通常多种划分方法综合运用。比如，将功能划分法和顺序划分法相结合。

二、系统框架结构

系统框架结构，主要从配送数据质量管理流程的主要环节，以及"大环节"建设与应用的规定和标准的支撑，提出配送数据质量管理系统总体架构。

该系统框架结构由五大部分组成，分别为数据库系统应用层、待检数据抽取净化层、数据质量测量与评估层、数据质量统计及多维分析层和相关理论技术及政策法规支撑层。

（1）数据库系统应用层。该层为用户提供配送业务和作业的管理手段，主要包括配送方案计划管理构件、仓库信息管理构件、运输信息管理构件、动态数据采集构件、配送状态显示构件，以及特定领域外的配送要素信息处理构件等。应用层配送数据属于多源数据，存在于各配送环节系统内，主要由各存储环节的数据库管理员（一般是数据中心、信息保障室或用户本身）日常维护管理。

（2）待检数据抽取净化层。通过数据抽取转换工具，按照预设规则与方法，将多源数据库中的待检数据装载到待检数据仓库。主要由数据技术人员（数据质量管理机构）负责实施。

（3）数据质量测量与评估层。通过定制的测量规则和评估方法，按照质量管理计划和质量控制计划，规定时机进行数据质量的测量比较，评估给出数据质量问题，支持用户修订问题数据，支持数据技术人员修订规则和基准数据。主要由数据质量管理机构组织，数据技术人员、用户和领域专家负责实施。

（4）数据质量统计及多维分析层。针对测量与评估获得的配送数据质量问题，利用数理概论和统计学等理论与方法，从不同角度预测配送数据质量问题趋势，分析问题产生时机和原因等。

（5）相关理论技术及政策法规支撑层。

三、系统模块结构

采用结构化设计方法，遵从功能耦合和功能聚合的系统设计原则，提出配送数据管理系统功能结构，涵盖了配送数据管理的资源配置、规则定制、检查评估、改进提升等功能需求，如图3-4所示。

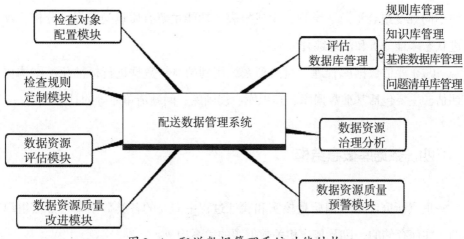

图3-4　配送数据管理系统功能结构

（1）检查对象配置模块。围绕特定领域配送活动相关的数据库系统，对检查与改进的数据库源进行配置，主要是来源IP、账号、权限等要素，是信息网络环境下与待检测数据库连接及抽取数据的基础。

（2）检查规则定制模块。围绕配置数据源，以数据库表字段为主线，定制字段、记录、记录集的数据质量检查规则。功能主要有维度管理、指标管理、数据检查规则维护、知识点维护等。

（3）数据资源评估模块。依据定制的数据源及其检查规则，按照预设数据质量评价流程，全部或随机校验数据维度。功能主要有系统自动校验和人工校验相结合。配送的标准组、评估组、专家组、改进组、应用组按照数据业务分配职能评估和改进数据质量。

（4）数据资源质量改进模块。围绕数据质量问题清单，逐一修正字段值域、记录、记录集的结构异构、语义异构问题。功能主要有系统自动修订和人工修订。

（5）数据资源质量预警模块。主要是依托系统的预警构件，根据预设的检查规则，按照约定间隔时间或周期自动检查，并将检查结果推送到问题清单库或直接警示。

（6）数据资源治理分析。围绕各个数据源，对数据质量的综合情况，按照不同维度组合汇总、统计，生成报表。功能主要有质量问题多维分析、改进状态多维分析和治理综合分析等。

（7）评估数据库管理。对治理系统用到的自身数据进行标准化、结构化评估。主要包括基准数据库、知识库、规则库、问题清单库等的日常管理。

四、数据库概念结构

重点研究配送数据质量核实和验证过程中需要的各类数据集是如何组织的、如何存储的，以及其与相关数据源的关系构成。

（一）数据组织

数据组织就是利用一定的科学规则和方法，通过数据外在特征和内容特征的描述和有序化，实现无序数据流向有序数据流的转换，是建立数据库系统的重要条件。但是，配送数据质量管理系统并不属于业务系统，而是针对配送数据的获取、开发判断应用过程中的数据是否可用，因此，配送数据质量管理系统的数据组织与配送业务系统是不同的。

1. 数据分类

该系统是对配送数据本身的管理，而不是对配送业务数据的管理，结合系统需求，将配送数据的质量管理数据分为质量检查计划类数据、测量规则类数据、测量质量类数据、质量问题类数据、基准类数据和待检质量类数据等。

根据配送数据质量管理流程和测量各环节数据需求，提出配送数据质量管理数据库构成，划分为质量测量计划及配套表、测量过程及配套表、评估结果及配套表、问题清单及配套表、基准数据和待检数据库等。概要设计了质量测量与评估所需的基本数据库及其部分字段，并简要描述了各表之间的关系。

2. 数据编码

数据编码是关键特征数据赋码的过程，是任何数据库系统都必然面对的。

对于本系统而言，与数据业务流程直接相关的特征数据（字段）的编码主要利于系统自身运转，不考虑与第三方系统的数据交换问题。但是，对于基准数据（元数据、数据字典和基准数据库）而言，存储数据都是配送主数据和业务数据，其所包含的各类特征数据（字段）编码，以配送数据库系统的主数据编码和业务数据单证编码为准，与多源数据库的相应特征数据（字段）进行关联。

（二）数据存储

该系统实施对配送领域数据质量的测量与评估作业，测量与评估对象主要包括结构化数据和非（半）结构化数据，对其测量与评估使用的规则和基准数据也涉及非（半）结构化数据，因此，提出采用NoSQL（非关系型数据库）作为该系统的数据库。

1. NoSQL

存储的数据仅针对一个配送领域，包含的数据量相对有限，（当下没有完整公认的）业务数据集为满足数据多变、数据类型复杂的业务需求，应具备灵活操作的数据质量规则和基准数据。

NoSQL是一个全新的数据库，推动运用非关系型的数据存储，数据存储方面要求具备强大的水平扩展性。当前，典型的NoSQL有HBase、Redis、MongoDB、Couchbase、LevelDB等。其中，MongoDB具备强劲的大数据处理性能、全文检索支持，在其启动时就将所有数据文件映射到内存，提高"运算"效率。

2. 数据存储结构

MongoDB是一个跨平台、面向文档的数据库。它支持的数据结构非常松散，是类JSON的BSON格式，是JSON格式的扩展，可以存储非常复杂的数据类型。

该数据库的逻辑结构是一种层次结构，由文档、集合和数据库组成。其中，文档相当于关系数据库（如MySQL和达梦）中的一条记录；集合由多个文档组成，相当于关系数据库中的表；数据库由若干集合组成。

本节结合配送数据质量管理数据库概念结构，简要描述了配送数据质量管理NoSQL数据库，如图3-5所示。

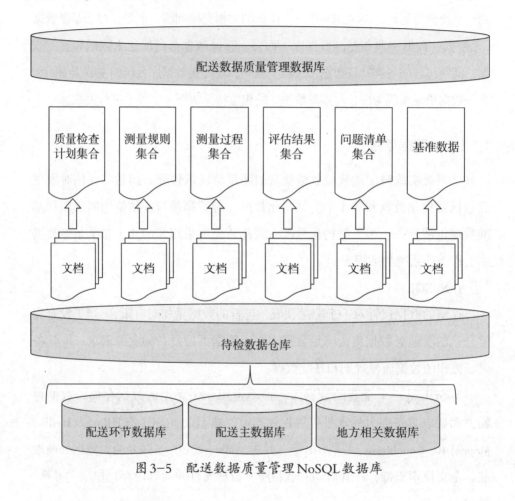

图3-5　配送数据质量管理NoSQL数据库

3. 数据BSON结构

MongoDB采用BSON结构存储数据和网络交换数据，格式非常简单易懂，即[键Key：值Value]结构。比如，{ "Hello"："World" }。其中，"Hello"是键名，类型为字符型；"World"是值名，类型包括字符型、双精度型、数组、二进制等。BSON应用中的键-值结构比示例要复杂得多。示例如下。

{

  "规则类型"："语法规则"，

  "条目标识"：""，

  "条目名称"："域值完整性"，

  "元数据标识"：[

    {"标识"：""}，

    {"标识"：""}，

    {...}]，

  测量语法：[

    {""："""，

    ""："""，

    ""：""}，

    {""："""，

    ""："""，

    ""：""}，

    {...}]，

  测量方法：[

    {...}]，

  测量要求：[

    {...}]

}

  本章围绕物资配送数据质量维度模型及其逻辑关系，分析了物资配送数据质量管理系统的基本需求，设计了物资配送数据质量管理的组织机构及其业务流程，在数据质量管理的业务流程基础上，提出了系统的五层框架结构、七大模块功能、数据库主体概念结构等基本需求，为物资配送过程中的结构化数据和半（非）结构化数据的规整质量、开发质量及运用质量的治理提供了思路与方法。

第四章 物资配送数据语法质量管理

数据语法质量是正确应用配送数据时首要解决的问题，配送数据语法质量主要用于评价数据的结构和变化、词组和句子组织语言的结构方式符合要求的程度。

第一节 配送数据语法质量测评规则

本节围绕配送数据语法质量基本概念、语法质量问题、语法质量规则等方面进行撰写。

一、语法质量基本概念

本节围绕配送数据语法质量管理内涵，重点界定配送数据语法质量与管理及配送数据语法质量核实的内涵。

（一）数据语法质量

ISO 8000-8《数据质量 第8部分：信息和数据质量：概念和测量》，将语法质量定义为：数据符合其指定语法（即元数据规定的要求）的程度，使用形式语法对形式语言有效语句进行规范。

需要对数据语法质量进行测量，确定某物的大小或数量符合可接受的参考值的程度。比如，信息表达方式是否正式规范；如何衡量一致性的定义；如果数据不符合规则，将对数据集中出现的问题进行描述；对不符合规则的含义进行说明；违反实体完整性规则时，可能会发生重复，列出不需要进行检查的规则、如何记录和显示偏差的定义、每个规则进行检查的次数、符合每个规则的出现次数等。

（二）配送数据语法质量

配送数据语法质量是指围绕配送数据质量完整性维度，测量配送数据与约定的结构合理性、实体完整性、参照完整性和用户自定义完整性等语法要求的符合度。

配送数据实体的结构合理性主要是特定领域配送交换与共享的数据信息结构融合程度。比如，配送的结构化数据结构一致性、半（非）结构化数据结构合理性。实体完整性主要是配送涉及实体的关键特征数据覆盖程度和值域满足需求的程度。由于配送任务多样性而造成需求数据难以总是满足需求，因此，需要着重解决该问题。参照完整性重点是不同相关实体之间的相互引用问题，解决引用有效性的问题。比如，引用特定领域外的配送机构代码不存在或者已经注销。用户自定义完整性，主要是解决特征数据之间存在关联，或者某特征数据必须满足定制要求的问题。比如，荷载1吨的托盘承载质量应小于1吨，整体自装卸车运载质量应小于等于12吨等。

（三）配送数据语法质量管理

配送数据语法质量管理，是基于数据语法质量规则和预设数据语法质量检查流程，进行配送数据的实体完整、参照完整、自定义完整和领域完整程度的测量、评估和修订的活动。

围绕配送数据语法质量涉及的维度及其指标，着重解决配送相关实体的主数据和交易数据的采集和运用中的质量问题、数据采集时数据语法的要求、数据运用时特征数据关联与聚集正确性等问题。

（四）配送数据语法质量核实

配送数据语法质量管理需要对待检数据的特征数据（字段）、数据集（记录）等进行逐项测量与评估，确认其是否符合数据语法约束规则，即通过提供客观证据来确认是否满足指定或预设的要求。

配送数据语法质量核实是指通过提供配送数据语法质量的测量证据，来确认是否满足指定的语法质量要求。

二、语法质量问题

关系型数据库管理系统（RDBMS）目前应用最为广泛。通过关系数据模型的约束，能够降低数据冗余度、提高数据完整性、确保数据一致性等数据质量问题。但是由于配送领域数据资源建设还没有实现一体规划与设计，还存在数据库系统的自身数据完整性问题和数据库系统之间的数据异构情况，经分析，配送数据语法质量问题归纳如图4-1所示。

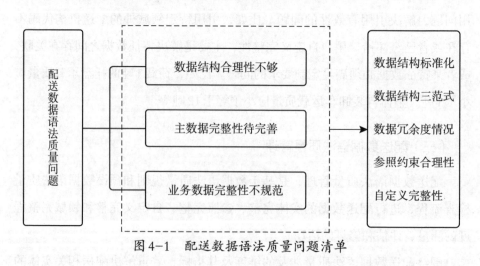

图4-1　配送数据语法质量问题清单

（一）数据语法质量分析

1. 数据结构合理性不够

对于结构化数据而言，数据结构问题主要体现在采用的数据库管理系统不同，如 Oracle、MySQL 国外数据库，达梦、金仓等国产数据库；字段命名规则、字段数值类型、字段默认值设置不同；字段之间内涵存在交叉重叠，没有很好执行数据模型三范式等结构化问题。由于结构化数据是能够预先定义和确定的，上述结构问题将直接导致数据冗余、数据一致性差、开发与应用效果差的问题，甚至会造成语义歧义。

比如，储备物资目录、配送装备目录的数据结构中，每一个字段标志在不同专业业务数据库系统，甚至配送数据库系统中也存在差异，有的采用汉字拼音全拼或缩写，有的采用英文单词或单词缩写，有的采用汉字，还有的采用字母随机标准，但是如果这些标志能够明确指明含义，存储到可访问的元数据库内，也能够提高数据应用质量；各业务系统定义的字段的数据类型及其长度也存在较大差异；由于数据结构设计得不够合理，也会进一步造成数据冗余、数据一致性差的情况。

对于非结构化数据而言，数据结构问题主要体现在由于数据库管理系统不同，有采用 SQL 类数据库的，还有采用 NoSQL 类数据库的，其各类数据库数据模型都存在差异，NoSQL 类数据库的数据结构不能准确预先定义，仅能参照采用的非结构化数据模型进行框架定义，且框架定义基本都是以数据结构形式出现的。

比如，四面体模型定义的非结构化数据结构主要包括数据标识、基本属性、语义特征、底层特征和原数据等数据对象，每个数据对象都由若干字段或数据结构组成。

2. 主数据完整性待完善

主数据完整性，即实体数据完整性，配送系统应包括物资、装备器材、设施设备、供应商、需求单位、保障力量和动员实体等主数据，这些主数据的数据完整性关系到支撑配送活动过程中的数据集的幅度和深度是否满足要求。存在问题主要是结构化数据的预定义字段不完整，半结构化数据未能科学量化，甚至没有纳入数据管理内容，非结构化数据的图片、音频、视频，以及教材、操作教程、维修等数据资源，仅仅停留在以二进制形式存储在数据库内。

判断实体数据完整性的主要标准是按照业务需求提供的数据资源，即记录（包含若干字段的数值）是否满足应用需要、数据是否够用。以数据驱动决策，达到智能化发展目标，对主数据的完整性要求非常高，比如，依据上级下达的储备物资配送单，对配送物资进行托盘集装化，需要有效的储备物资或包装物资的尺寸、质量和集装要求等信息，但是当前储备物资目录及明细恰恰未能纳入实体数据范围。

3. 业务数据完整性不规范

业务数据是配送过程中支持决策的核心数据，是指导业务作业和数据驱动决策的基础。业务数据离不开主数据，业务活动实体（数据库系统）之间存在约束关系，相当于关系数据模型内的字段之间的参照约束，即外键与主键关系，但是并非所有需要外键的字段都是主键。

（1）结构化业务数据完整性。

结构化业务数据完整性不规范主要体现在：一是数据库系统开发过程中，业务数据存储的特殊要求、开发效率的快捷要求和数据库建模的"不熟练"、业务关系不清晰和数据需求频繁变化等原因，造成数据库表之间字段该作约束设置的而没有作约束；二是数据库表中字段的约束关系不合理；三是数据内容多余，如配送装备现状统计表中存在承制单位代码和承制单位名称；四是数据值域为空、数据值域是有限的、数据之间或字段之间存在约束等。上述问题，不仅会直接造成数据冗余，还会造成数据一致性差的问题。

参照约束主要解决装备、物资、单位、人员等实体信息的"凭空"出现，或者同一表内出现冗余、破坏唯一性等问题。比如，某物流公司配送装备现状统计表由主数据和关系数据构成。其中，主数据主要包括配送装备、配送单位、承制单位等内容；关系数据主要包括数量、质量状况、生产日期/出厂日期、接装日期，以及大修、中修、小修次数及经费等内容。如果现状统计表中的配送装备、配送单位、承制单位等数据项或字段没有与相应主数据主键相连，建立参照约束关系可能造成现状统计表中主数据内容在对应主数据字典（目录）内不存在，直接破坏数据的一致性。

自定义约束主要解决量化项、日期项等数值合理性。比如，某物流公司配送装备现状统计表中的接装依据、接装日期、大修和小修次数及经费等应不为空，但数据库系统并未设置相应约束；出厂日期/生产日期、接装日期之前的关系，接装日期必须大于出厂日期/生产日期等自定义约束。

（2）非结构化业务数据完整性。

非结构化业务数据完整性主要体现在非结构化数据模型的应用模式和存储结构对应的数据完整性。配送过程中涉及的数据，比如，配送相关文书、卫星图片、5G配送态势、视频会议，以及信息通信网络内抽取的网页、图片、视频和论坛记录等数据资源，都可认为是非结构化数据。这些数据如何被正确识别、融入逻辑运算，有效驱动配送决策，核心是这些数据"规范化"处理结果的准确性问题。下面以前面章节介绍的用于规范非结构化数据的四面体数据模型为例，假设非结构化数据对象预定义的基本属性、语义特征、底层特征的数据结构为合理设计，非结构化业务数据的完整性存在以下两个方面的问题：一是业务数据对象被识别得不够准确，没有识别出来、为空甚至漏识别，如果是卫星动态拍摄的道路环境图片或者视频，就可能造成配送路线的选择不够合理；二是随着配送模式和要求不断"创新"，预定义数据粒度和内容标识符号，也可能造成数据可用性不好。虽然百度、Google等搜索引擎的智能化程度已经非常高，但是对于业务支撑的智能化水平还远远不够，对于半（非）结构化数据对象的数据化还处于初级阶段，但是随着人工智能算法模型和领域语义库的建设，必将提升半（非）结构化数据的计算及应用水平。

配送过程中，涉及的命令、决定、指示、批复和报请类公文，以及后勤公文、后勤指示、后勤计划、后勤报告等传输的文书，基本都是非结构化数据，且各个文书结构及其构成要素均不一致，因此难以对各类文书的结构和要素预先定义。下面以抗震物资需求和地方单位行动物资保障需求为例，分析和理解非结构化数据文件的特征。

×××地区抗震应急物资需求清单

1. 通信录需求。地震势必造成与家人失联情况，为解决通信录电子化的问题，提前采集相关人员的联系方式，主要是通信地址和联系电话。

2. 食品需求。准备保障××人份的罐头、脱水食品、脱水水果和奶粉等物资。避免需要冷藏、加热、加水、特殊处理才能食用的物资。

3. 水需求。为××人准备至少可以坚持72小时的饮水，建议每人12升。如果有儿童、病人等，需要按人数储备更多水。注意保质期，要定期更换。

4. 手电筒和电池需求。有人员和工作的地方各备1个手电筒，尽量调配1台小型发电机组。

5. 急救包需求。包含规定/需求的药品及器材清单，以及药品及器材的使用说明书。

6. 灭火器需求。有人员和工作的地方各备1个通用型的灭火器。

7. 重要文件和现金需求。务必储备一定量现金，应对银行不能正常运转的情况。按照××人份×百分比储备，应对后续急需。

×××区域×××活动物资器材需求清单

1. 物流保障需求。分析并申领×台专业管理方舱和×套便携式的终端系统，构建区域内物流网络，支撑物资采购、仓储、运输、配送及结算等保障方案计划的制订，以及文书流转。

2. 冷链物资保障需求。根据活动安排，肉类物资按照人数的×%的更新补充进行计算，共需储存×件套；海鲜类物资按照人数和天数折算，共需存储×人份。

3. 油料物资保障需求。根据参加活动的装备及器材的用油类型，结合用油装备性能，精算参加活动的装备动用形式及其油耗，共需储存×万升油料。另外，结合活动特点及要求，计划储油形式及方式。

4. 维修器材保障需求。根据活动方案科目，分析参加活动装备的类型与数量，结合活动科目的设计目标，精算参加活动的装备的器材消耗，明确不同阶段、不同类器材需要的储备规模，共需装备维修器材×件套。

5. 活动所需运输需求。综合参加活动的人数和装备类型与数量，以及活动运输时限要求，采取由公路运输转铁路运输的形式进行。参加活动的人员运输需要公路运输装备×台，需要铁路运输装备×列棚车；参加活动的装备运输需要公路运输托运装备×台，需要铁路运输平板车×列。参加活动的人员运输时间为×时×分——×时×分；铁路运输时间为×时×分——×时×分；装备运输装卸环节的装卸倒运时限不能超过×分钟。

不同类型的物资保障、不同层级的物资保障，其指令（命令）文书的结构要素有较大差别，据有关信息机构统计，影响业务管理决策效果的"数据"主要"隐含"在各类流转文书的非结构化数据内，但是在实际使用过程中，不同文书内容的拆解"数据项""准确量化"难且上下文歧义较大，难以被计算机自动识别、开发及运用。即使采用非结构化数据模型（如四面体数据模型），非结构化数据被计算机识别、量化、计算、应用的价值也是极其有限的。

随着大数据分析技术的发展与完善，非结构化数据模型的应用模式与结构定义必将日趋完善，也必然能够解决非结构化业务数据的完整性问题。因为，半结构化业务数据可认为是由结构化业务数据和非结构化业务数据组成，其中，结构化业务数据部分的业务数据完整性与结构化数据类似，非结构化业务数据部分的业务数据完整性与非结构化数据类似。

因此，配送的数据结构完整性、主数据完整性和业务数据完整性之间是相互关联的，数据结构完整性是保证、主数据完整性是基础、业务（事务）

数据完整性是目标。实际设计数据完整性时应综合分析，聚焦具体问题，全面衡量配送数据资源开发与应用需求。

（二）语法质量问题清单

围绕数据结构完整性、主数据完整性和业务数据完整性，结合前面分析，可得出以下5个方面的问题。

问题1：数据结构标准化，主要与基准数据的元数据库相比较，判断同等含义的字段及其数据对象的标准化水平，也是判断是否能够满足各项业务所需的数据集合的需求。

问题2：数据结构三范式，判断数据库表、文档内各个字段或元素之间是否存在含义交叉、语义不明等问题。

问题3：数据冗余度情况，主要用于判断主数据和业务数据的数值"重复度"。

问题4：参照约束合理性，针对结构化数据而言，判断主数据和业务数据之间的约束完整性。

问题5：自定义完整性，针对各类结构化程度的数据，判断主数据、业务数据内字段值、键－值、文档要素的数据是否正确或者合理等。

三、语法质量规则

配送数据语法质量的测量与评估效果，取决于数据语法质量测量与评估规则设计的合理性和语法质量问题清单的覆盖程度。参照ISO 8000-8《数据质量　第8部分：信息和数据质量：概念和测量》，结合配送领域特色，配送数据语法质量规则主要分为数据结构合理性、实体完整性、参照完整性、领域完整性和用户自定义完整性等类型，参照GB/T 36344—2018《信息技术 数据质量评价指标》，给出各维度及其条目测量的计算方法。

（一）结构合理性

数据结构合理性主要从两个方面进行评价。结构化数据重点围绕三范式，半（非）结构化数据重点围绕键-值数据模型展开，关系到数据存储、数据组织方式。

评价规则包括数据结构设计是否符合三范式、数据结构可维护性、数据模型有效性等，由专家、数据技术人员等根据评价规则抽查多源数据结构的设计情况和实际运行、支撑可维护性等方面并给出评价。

提出字段级结构合理性（JG_{zd}）和记录级结构合理性（JG_{jl}）的计算方法：

JG_{zd}=（测量结构合理字段数/被测量字段总数）×100%

JG_{jl}=（测量结构合理记录数/被测量记录总数）×100%

上述计算方法是针对待检数据集中的字段（特性数据）和记录集（特性数据集）（下同）。围绕同一个业务主题，数据缺陷存在逐级叠加，造成数据可用性下降。以下给出主题下的字段级结构合理性（ΔJG_{zd}）和记录级结构合理性（ΔJG_{jl}）的计算方法：

ΔJG_{zd}=（$JG_{zd1} \times JG_{zd2} \times \cdots \times JG_{zdn}$）×100%

ΔJG_{jl}=（$JG_{jl1} \times JG_{jl2} \times \cdots \times JG_{jln}$）×100%

（二）实体完整性

数据实体完整性是指每个实体都必须有唯一的标识符。比如，同一个人的身份证号码一样，不允许同一个人出现两个身份证号码；但现实状态下，同一规格型号物资存在若干标识代码。

衡量实体字段或键-值的幅度是否能够满足领域相关业务主题需求数据元素的程度，评价规则主要包括配送主数据幅度满足度、业务数据幅度满足度等。由用户和专家以业务主题数据需求为牵引，用户与专家权重比例为6：4。

提出字段级实体完整性（ST_{zd}）和记录级实体完整性（ST_{jl}）两部分，无论是记录还是字段，列入测量与评估的都是关键的，不存在多余被测量的字段和记录。

$$ST_{zd}=（被赋值的字段数/预期被赋值的字段总数）\times 100\%$$

$$ST_{jl}=（被完整赋值的记录数/预期被完整赋值的记录总数）\times 100\%$$

以下给出主题下的字段级实体完整性（ΔST_{zd}）和记录级实体完整性（ΔST_{jl}）的计算方法，但是还需要考虑不同字段的权重：

$$\Delta ST_{zd}=（ST_{zd1}\times ST_{zd2}\times \cdots \times ST_{zdn}）\times 100\%$$

$$\Delta ST_{jl}=（ST_{jl1}\times ST_{jl2}\times \cdots \times ST_{jln}）\times 100\%$$

（三）参照完整性

数据参照完整性，每一个被引用的实体都应作为一个实体独立存在。比如，在邮政编码列表中不存在的员工地址中注册的邮政编码。

按照数据结构化程度进行评价，分类评价多源实体、联系之间的关联，评价原则主要包括冗余度等内容。由专家以业务主题数据需求为牵引，按照评价规则进行评价。

提出字段级参照完整性（CZ_{zd}）和记录级参照完整性（CZ_{jl}）的计算方法：

$$CZ_{zd}=（被正确映射的字段数/预期被正确映射的字段总数）\times 100\%$$

$$CZ_{jl}=（被完整赋值的记录数/预期被完整赋值的记录总数）\times 100\%$$

以下给出主题下的字段级参照完整性（ΔCZ_{zd}）和记录级参照完整性（ΔCZ_{jl}）的计算方法，但是还需要考虑不同字段的权重：

$$\Delta CZ_{zd}=（CZ_{zd1}\times CZ_{zd2}\times \cdots \times CZ_{zdn}）\times 100\%$$

$$\Delta CZ_{jl}=（CZ_{jl1}\times CZ_{jl2}\times \cdots \times CZ_{jln}）\times 100\%$$

（四）领域完整性

数据领域完整性，所有属性值都必须在指定的域内。比如，每个实体、联系的关键特征数据不能为空；"日期"数据填成"周"数据，内容不符合约定要求。

提出字段级领域完整性（LY_{zd}）和记录级（即逻辑关系字段组合）领域完整性（LY_{jl}）的计算方法：

LY_{zd}=（符合值域的字段数/预期符合值域的字段总数）×100%

LY_{jl}=（符合值域的约定记录数/预期符合值域的记录总数）×100%

以下给出主题下的字段级领域完整性（ΔLY_{zd}）和记录级领域完整性（ΔLY_{jl}）的计算方法，但是还需要考虑不同字段的权重：

ΔLY_{zd}=（$LY_{zd1} \times LY_{zd2} \times \cdots \times LY_{zdn}$）×100%

ΔLY_{jl}=（$LY_{jl1} \times LY_{jl2} \times \cdots \times LY_{jln}$）×100%

（五）用户自定义完整性

用户自定义完整性，必须遵守所有用户定义的约束条件。比如，指定规则"某一员工的受雇日期必须早于其退休日期"。

主要是针对关系型数据库表字段、非关系型数据库文档键值的值域问题，定义得是否合理，是否按照约定进行数据采集、存储等。评价原则主要是数据元素值域是否被定义、数据元素格式是否规范、数据元素之间关系是否建立、数据约束是否启用等，由专家根据评价规则进行抽样评价。

以下提出字段级自定义完整性（ZD_{zd}）和主题字段级自定义完整性（ΔZD_{zd}）的计算方法：

ZD_{zd}=（符合自定约束的字段数/预期符合自定约束的字段总数）×100%

ΔZD_{zd}=（$ZD_{zd1} \times ZD_{zd2} \times \cdots \times ZD_{zdn}$）×100%

（六）完整性综合评估

根据前面语法规则拟定的测量项目结果，按照项目测量内容，分别对待检数据集的字段级和记录级的数据质量进行综合评估，给出"满意""不满意""不确定""不适用"的测量结果。

假设数据的结构合理性权重为qzd_{jg}、qjl_{jg}，实体完整性权重为qzd_{st}、qjl_{st}，

参照完整性权重为 qzd_{cz}、qjl_{cz}，领域完整性权重为 qzd_{ly}、qjl_{ly}，用户自定完整性权重为 qzd_{zd}、qjl_{zd} 等，提出了主题下的字段级（ΔYF_{zd}）和记录级（ΔYF_{jl}）的综合评估的计算方法：

$$\Delta YF_{zd}=qzd_{jg} \times JG_{zd}+qzd_{st} \times JG_{st}+qzd_{cz} \times JG_{cz}+qzd_{ly} \times JG_{ly}+qzd_{zd} \times JG_{zd}$$

$$\Delta YF_{jl}=qjl_{jg} \times JG_{zd}+qjl_{st} \times JG_{st}+qjl_{cz} \times JG_{cz}+qjl_{ly} \times JG_{ly}+qjl_{zd} \times JG_{zd}$$

上述公式中的权重数值，主要采用专家和用户打分的方法获得，一般情况下，记录级权重由大到小的顺序为实体完整性、结构合理性、领域完整性、参照完整性、用户自定义完整性，而字段级权重由大到小的顺序为领域完整性、参照完整性、用户自定义完整性、结构合理性、实体完整性。配送决策支持数据的语法质量权重示例，如表4-1所示。

表4-1　　　　　　　　　　　　数据语法质量权重示例

级别	结构合理性	实体完整性	参照完整性	领域完整性	用户自定义完整性
字段	0.4	0	0.35	0.15	0.1
记录	0.25	0.3	0.15	0.2	0.1

要注意的是，针对不同的待检数据集，字段级和记录级对应的5个测量项目的权重是不同的，且对"满足""不满足""不确定""不适用"的占比也存在差异。

第二节　配送数据语法质量管理设计

研究从配送相关实体入手，重点是配送主数据质量管理，提出数据语法质量规则的定制要求、全样或样本数据核实模型和管理流程等内容。

一、语法质量管理模型

本部分主要介绍配送数据语法质量管理的核实要素和核实概念结构。

（一）核实要素构成

参照 ISO 8000-8，结合配送数据语法质量管理要求，提出配送数据语法质量管理要素结构，如图4-2所示。

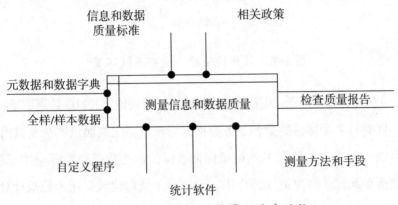

图4-2　数据语法质量管理要素结构

图4-2中，检查围绕配送数据的测量信息和数据质量展开。由于配送数据的特殊性，采集和应用数据需要相关政策的保证，参照配送相关信息和数据质量标准，基于元数据和数据字典，利用自定义程序和统计软件对全样/样本数据进行检查，并将检查结果形成检查质量报告。

（二）核实概念结构

从配送数据语法质量检查入手，从整体上抽象提出检查环节，检查环节由构建完整性规则、核实语法质量和准备语法质量报告3部分构成。配送数据语法质量检查关键环节如图4-3所示。

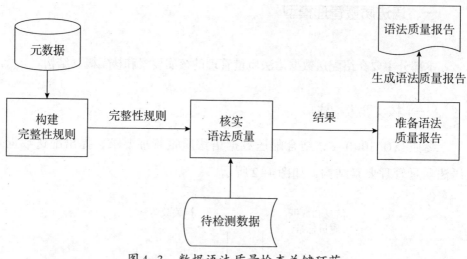

图 4-3　数据语法质量检查关键环节

（1）构建完整性规则。围绕配送数据语法质量规则及其对应数据质量维度和指标，针对每个配送主数据和业务数据的特征数据定制测量方法及其内容。

当前，配送相关数据主体是结构化数据，这些数据在实际应用过程中，对配送活动起到辅助决策支持作用，半（非）结构化数据还未能被计算机自动识别和应用，考虑到数据库技术发展和资源网络化、电子化趋势，语法规则设置依托数据库，构建数据语法质量规则库。

（2）核实语法质量，基于建立的语法质量规则，按照核实流程，完成全样本/样本数据的校验和比对，存储测量数据及评估等级数据，形成全样/样本数据质量检查结果。

（3）准备语法质量报告。由数据技术人员根据核实语法质量的测量与评估结果，按照预设模板形成配送数据语法质量报告，并提交到相应管理部门和配送相关环节机构。

二、语法质量核实环节

本部分介绍数据语法质量的核实流程及其各环节的功能概述。

（一）语法质量核实流程

参照配送数据质量管理主流程，围绕配送主数据和业务数据集展开，集成全样/样本抽取、测量基准、测量评估、问题修订、规则优化等数据质量检查环节，提出图4-4所示的配送数据语法质量管理流程。

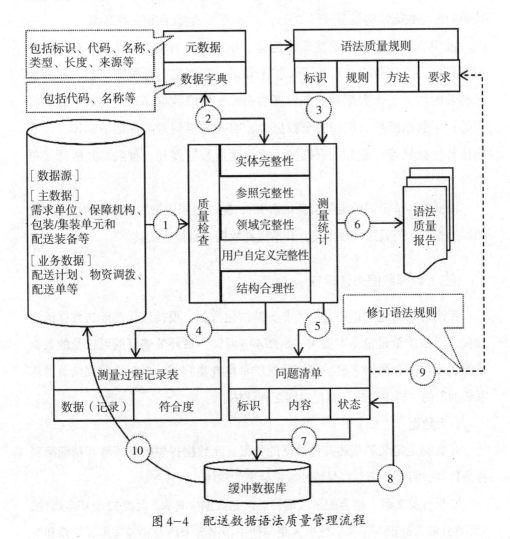

图4-4　配送数据语法质量管理流程

由图4-4可知，配送数据语法质量管理流程至少包括5个环节、10个步骤。5个环节包括待检数据准备、参照数据修订、语法质量测量、质量问题确认和质量问题修订环节。

（二）待检数据准备环节

数据包括配送结构化数据、半结构化数据和非结构化数据，结构化数据准备是明确相关数据来源及其测量权限，半结构化数据和非结构化数据准备，按照确定的数据结构模型进行"分解""规范"，装载到相应数据库。

该环节是配送数据语法质量测量、统计的"样本"，以及"样本"的来源信息，支持数据质量检查步骤①和⑦。需要进行数据源定制，明确配送涉及的相关实体数据和业务数据的来源，明确数据库地址和数据装载权限等；主数据维护，围绕各个数据源，明确需要测量及评估的实体，以及实体特征数据等；业务数据维护，围绕度量数据展开，重点是数值计量单位等。

根据该环节定制的相关信息（索引），配送数据质量管理系统按预设参数抽取、规范和装载这些数据集，并推送到数据质量检查工具。

（三）参照数据修订环节

无论是结构化数据还是半（非）结构化数据，要持续保持配送数据语法质量，语法质量是最基本要求。从图4-4可知，该环节修订的可接受的数据是配送元数据和数据字典，支持数据质量检查步骤②，对配送数据质量管理系统抽取的"样本"进行测量、匹配和评估。

1. 元数据

元数据是定义和描述其他数据的数据。元数据提供的是理解和精确解释特征数据所需要的信息，是特征数据标准的载体。

参照有关文献，结合配送数据特点，元数据应具有5大类32个基本属性，5大类分别为标识与定义、数据采集与使用指南、来源及参考文本、关系和管理，各类包含的数据结构，如表4-2所示。

表4-2	元数据的数据结构
属性类别 / 项目	示例
标识与定义	
（1）中文名称	供特定领域的日常和行动使用的各类物资代码
（2）英文名称	Military Materials Code
（3）中文简称	物资代码/物资编目
（4）英文简称	MATCODE
（5）拼音简称	WZDM
（6）同义名称	特定领域物资
（7）元数据类型	数据元
（8）元数据标识符	YSJ-WZDM-001
（9）定义	专供特定领域使用的各种物资的统称。包括装备器材、被装给养物资、医疗物资、油料物资、营房物资等
（10）语境	配送活动计划、筹措、调拨、运输、财务等各个环节都需要标识的物资
（11）对象类	物资
（12）特性	物资标识编码、物资编目
（13）数据元概念	供特定领域日常和行动使用的各类物资
（14）值域名称	—
（15）表示类型	编码
（16）数据类别	结构化数据/半结构化数据/非结构化数据
（17）数据类型	C（表示字符型）
（18）允许值	—
（19）数据格式	—
（20）数据精度	—
（21）最大长度	32
（22）计量单位	—
数据采集与使用指南	
（23）使用指南	数字代码，每两层为1级，共16级
（24）采集方法	数据技术人员进行编码及注册、发布；从物资编码系统装载物资代码

续表

属性类别/项目	示例
来源及参考文本	
（25）注释	配送活动涉及的物资代码的代码结构多样，不同信息管理系统的相关物资编码独立
（26）来源	业务主管部门
（27）参考文本	相关物资信息标准
关系	
（28）相关元数据参照	—
管理	
（29）使用该数据元的数据集	配送活动计划、筹措、调拨、运输、财务等各个环节都需要标识的
（30）注册状态	草案/注册/发布
（31）主管机构	—
（32）提交机构	—

上述32个数据元（数据元素、数据库表字段）的属性项目并非全部相同，应根据具体用途及数据采集的可操作性确定。考虑到配送数据语法质量需求，每个数据元的属性项目应包括标识符、数据类型、概念、特性、中文名称、中文简称、拼音全拼/简称、术语/定义、数据类型、数据精度、数据格式、数据值域、计量单位、数据来源等内容。

列举部分配送主数据的元数据，如表4-3所示，其中相关符号含义详见附录B。

2. **数据字典**

数据字典是数据字典条目的集合，可按实体标识符查找。其中，数据字典条目、实体类型的描述，至少包含一个明确的标识符、术语和定义。

数据字典主要用于测量实体领域完整性，与元数据中数据元的值域属性对应。但是数据字典是代码表，其属性至少包括数据元代码和数据元名称，以及应用范围等内容。下面列举配送主数据和业务数据涉及的部分数据字典，如表4-4所示。

表4-3

配送主数据的元数据示例

标识符	特性	数据类型	精度	数据格式	数据值域/长度	数据来源	数据元的概念
YSJ-WZDM-001	物资代码	字符		nn...（2位1级）	≤32	编目系统	标识具体品型物资
YSJ-WZDM-002	物资名称	字符			≤128	编目系统	具体规格型号物资
YSJ-WZDM-003	计量单位	字符		amn	≤8	编目系统	规格型号物资包装单位
YSJ-WZDM-004	物资单价	数值	.nn		≤18.2	业务系统	规格型号物资单价（元）
YSJ-WZDM-005	适集性	字符		nn	2	业务系统	规格型号物资集装要求
YSJ-WZDM-006	包装单元尺寸	数据结构	.nn		≤18.2	业务系统	包装单元长×宽×高（mm）
YSJ-WZDM-...							
YSJ-ZBDM-001	装备代码	字符		nn...（2位1级）	≤32	编目系统	标识具体规格型号装备
YSJ-ZBDM-002	装备名称	字符			≤128	编目系统	具体装备统称或基准名称
YSJ-ZBDM-003	技术形式	字符		nn（代码）	≤32	业务系统	属于拖车类、机动车类、箱组等
YSJ-ZBDM-004	承载平台尺寸	数据结构	.nn		≤18.2	业务系统	承载平台的长×宽×高（mm）
YSJ-ZBDM-005	承载量	数值	.nn		≤18.2	业务系统	装备承载质量（kg）
YSJ-ZBDM-006	装载高度限制	数值	.nn		≤18.2	业务系统	装载高度（mm）
YSJ-ZBDM-...							
YSJ-JZQJ-001	集装器具代码	字符		nn	2	编目系统	标识集装器具
YSJ-JZQJ-002	集装器具名称	字符			≤32	编目系统	规格型号集装器具名称
YSJ-JZQJ-003	集装器具类型	字符		nn	2	编目系统	标识集装器具类型

续表

标识符	特性	数据类型	精度	数据格式	数据值域/长度	数据来源	数据元的概念
YSJ-JZQJ-004	集装器具尺寸	数据结构	.nn		≤18.2	编目系统	集装器具长×宽×高（mm）
YSJ-JZQJ-005	承载量	数值	.nn			编目系统	集装器具承载质量（kg）
YSJ-JZQJ-006	承载高度限制	数值	.nn			编目系统	集装器具载物高度（mm）
YSJ-JZQJ-…							
YSJ-CCDW-001	储存单位代码	字符		nn...（2位1级）	≤32	业务系统	标识储存物资的各类仓库及供应商等
YSJ-CCDW-002	储存单位地址	数据结构			≤256	业务系统	储存单位的驻地信息（省-市-区-县-镇-村……）
YSJ-CCDW-003	储存物资类型	字符		nn	≤4	业务系统	区分储备物资类型
YSJ-CCDW-004	储存单位经度	数据结构			≤18	业务系统	经度拆分为三个数据单元
YSJ-CCDW-005	储存单位纬度	数据结构			≤18	业务系统	纬度拆分为三个数据单元
YSJ-CCDW-…							
YSJ-XQDW-001	需求单位代码	字符		nn...（2位1级）	≤32	业务系统	标识需求单位
YSJ-XQDW-002	需求单位地址	数据结构			≤256	业务系统	需求单位驻地及部署地域（省-市-区-县-镇-村……）
YSJ-XQDW-003	需求单位经度	数据结构			≤18	业务系统	经度拆分为三个数据单元
YSJ-XQDW-004	需求单位纬度	数据结构			≤18	业务系统	纬度拆分为三个数据单元
YSJ-XQDW-…							

表4-4　　　　　　配送主数据和业务数据涉及的部分数据字典（仅供参考）

字典名称	结构内容
计量单位	[代码，名称]={[Z39，组]，[Z24，包]，[Z18，袋]，[Z16，支]，[Z14，辆]，[H04，吨]，[H03，千克]，[E03，立方米]，……}
技术形式	[代码，名称]={[10，方舱式]，[20，箱组式]，[30，拖车类]，[40，机动类]}
包装类型	[代码，名称]={[01，铁托盘]，[02，天然木托盘]，[03，再生木托盘]，[05，散装]，……}
装备类别	[代码，名称]={[13，弹药和炸药,{[1305,枪弹（口径不大于20 mm）],[1310,炮弹（口径20 mm以上至75 mm）],[1315,炮弹（口径75 mm以上至125 mm）],[1320,炮弹（口径125 mm以上至150 mm）],[1321，炮弹（口径150 mm以上至200 mm）],[1322,炮弹（口径200 mm以上至300 mm）],[1323,炮弹（口径300 mm以上）],[1325,航空炸弹],[1330,手榴弹]}],……}
……	

（四）语法质量测量环节

该环节的主要任务是数据语法质量规则修订和数据语法质量测量。对于配送数据语法质量规则修订，要建立在通用主数据和业务数据的语法质量规则基础上，修订时机一是按照当前配送的数据质量新需求和专项分析的特殊要求，在实施数据质量测量与评估之前进行规则修订，比如，对新业务主题获取的数据的聚集结果满足新格式要求的程度进行修订；二是针对配送数据语法质量缺陷，本次评估后形成的问题清单中，经数据管理员、数据技术人员和业务用户合作，发现问题清单中确认的"问题数据"是符合相关数据的语法质量要求的，由步骤⑧反馈，步骤⑨实施语法质量规则修订。

对于配送数据语法质量测量，测量和评估方法由数据质量管理系统软件自动完成，采用被动数据质量改进和主动数据质量管理两种模式，无论是何种模式，基本不需要数据管理员和数据技术人员的参与。利用软件固化的数据语法质量匹配程序，相当于"黑匣子"，将抽取的"样本"与配送元数据库和数据字典进行匹配，并给出相似度，永久性存储到各项，并按照信息流转程序反馈，作为数据语法质量问题评估的基础。测量流程，软件"黑匣子"

通过步骤①抽取"样本"数据到缓存数据库，拆解"样本"为实体或事物的特征数据-字段，进而围绕特征数据-字段，通过步骤②获取元数据、数据字典，通过步骤③获取语法质量规则，综合上述获取数据，软件"黑匣子"利用内置算法进行匹配，给出被检测"数据"的符合度，最后通过步骤④将"样本"测量结果存储到测量过程记录表。配送数据语法质量测量方法示例如表4-5所示。

表4-5　　　　　　　　　　　　　配送数据语法质量测量方法示例

规则描述	表象	存在问题
与元数据匹配，判断数据完整性	配送决策点需求与数据结构	数据元素缺失、数据元素粒度粗等
与外键数据匹配，判断数据一致性	配送数据记录处理出现歧义	记录重复、记录原子性差、记录逻辑关系错误等
与数据字典匹配，判断数据值域	配送数据值域处理出现歧义	字段值域不合理、必填字段值域为空等
相关数据逻辑关系，判断数据逻辑	主要是数值型数据，配送数据之间逻辑运算出现歧义	字段之间约束不合理、未建立等

（五）质量问题确认环节

该环节的主要任务是配送数据的语法质量评估、语法质量问题清单修订和语法质量报告生成。

针对配送数据语法质量评估，围绕本次测量结果，与配送数据语法质量问题清单库内相关问题匹配，并进一步核实，根据需要邀请业务主管和业务专家，联合研究并输入相关建议数据，进而由软件"黑匣子"内置评估模型智能评判，判断是否属于问题数据。

针对配送数据语法质量问题清单修订，根据软件"黑匣子"确认的问题数据，通过步骤⑤更新配送数据质量问题清单数据库，并给出问题数据的修订方法和要求等内容。配送数据语法质量问题清单如表4-6所示。

表4-6　　　　　　　　配送数据语法质量问题清单（仅供参考）

问题标识符	字段或记录	问题描述	质量等级	改进方法	改进
WZ-100	物资适集性	数据元素缺失	不满足	扩充字段	待改进
WZ-101	联系方式	数据元素粒度粗	不适用	拆分字段为数据元素	待改进
YZ-100	交易记录	记录重复	不满足	建立强约束	完成
YZ-101	调拨单与出库/入库单	记录原子性差	不确定	建立强约束	完成
YZ-102	数量、单价、经费	记录逻辑关系错误	不满足	建立强约束	完成
ZY-100	出库早于调拨单日期	字段值域不合理	不确定	①建立参照约束②自定义约束	完成
ZY-101	配送地点	必填字段值域为空	不满足	①修订采集模块②设置字段是否为空	正在
LJ-100	物资与需求单位	字段之间约束不合理	不适用	①修改相应模块②修订字段之间强约束	正在
LJ-101	集装单元与集装物资	字段之间约束未建立	不满足	建立字段之间强约束	正在

说明：质量等级区分为"满足""不满足""不确定""不适用"4个等级。

　　针对配送数据语法质量检查报告生成，利用软件报表功能，按照报告模板（见附录C），通过步骤⑥自动生成语法质量报告。

（六）质量问题修订环节

　　该环节的主要任务是配送数据语法质量问题修订和问题规则反馈。其中，针对配送数据语法质量问题进行修订，数据技术人员按照本次检查报告明确的语法质量问题，按照明确的改进方法，利用步骤⑦逐项修订，另结合修订情况，进一步完善对应的"样本"数据的语法质量规则，并将意见通过步骤⑧及时反馈。

第三节　配送典型数据语法质量分析

本部分主要介绍配送实体主数据和业务数据的现状及问题，并给出完整性修改的建议（仅个人建议，完整性体现在针对不同的业务主题上，任何数据库设计都不可能满足领域内所有主题的数据需求）

示例：实体主数据完整性

为有效支撑配送保障能力生成，科学制定配送方案，需要按照业务需要为配送活动中各个环节、各个节点提供完整的数据资源，特别是配送主数据，即装备数据资源和物资数据资源。截至目前，配送主要涉及物资调拨部门、装备建设部门先后开发与应用的若干业务数据库系统，比如，粮食管理系统、油料管理系统、运输投送管理系统、仓库管理系统、储备管理系统等业务信息管理与决策的系统，为实践业务工作提供了有效的信息化手段。但是，由于业务系统建设立足本部门本岗位的业务需求，规划相关数据结构的设计，特别是主数据结构的设计，由于需求不同、数据结构各异，直接影响数据交换和综合运用。

（一）储备物资目录完整性现状及问题

对于储备物资管理系统而言，主数据主要包括物资储备目录、物资编目、单位编码、设施设备和相关数据字典等。物资储备目录是核心，是实施和动用物资储备的依据。对于储备物资，是按专业进行分类管理的，专业之间按树形结构形成层级关系，将所有专业及专业所辖物资都存储在专业物资目录表内。专业物资目录表中的每一项记录对应描述一个专业或一个专业的相关物资，并具有唯一的、与层级无关的专业分类码。

现状：储备物资目录的数据结构（数据库表字段）主要包括物资编码、

编目代码、物资名称、规格型号、计量单位、单价、维护保养标准、储备标准、质量、体积，以及编配对象、保障能力、筹措采购等信息（不是数据项[①]）。

问题：一是缺少储备物资包装与集装，特别是配送单元的相关信息，制约物资快速装卸及配送效率；二是编配对象、保障能力、筹措采购等信息多为描述性信息，制约计算机自动识别与应用。

建议：扩展储备物资的包装与集装信息的数据项，比如每个包装内装多少个单品物资，每个集装单元码放多少个外包装等；将描述性信息加以拆分，尽量量化为数据项，利于计算应用。比如，将保障能力拆分为保障周期（时间）、按指标拆分战术、技术参数等。

（二）配送装备目录完整性现状及问题

配送装备是后方专业勤务保障的物质基础。配送装备业务信息化经过多年建设与发展，取得了较好成果，完成了配送装备基础数据库、装备采购管理系统、装备数质量管理系统、装备保障管理系统，同时，为推进特定领域物流的深度融合发展，完成了配送装备编目系统的建设并稳步推进装备编目数据库的建设。

现状：配送装备目录的数据结构（数据库表字段）主要包括：装备编码、编目代码、型号装备名称、计量单位、装备类型、机动速度（km/h）、承载质量（kg）等信息。

问题：对于配送装备而言，主要是运输、集装化运输和承载能力、装卸能力，而目前大部分配送装备目录内此类信息不完整。

建议：对于运输装备而言，增加装备承载物资平台尺寸信息——长度、宽度和高度，以及用于计算不同场景下行驶里程用的百公里油耗（L）、油箱

[①] 数据项是指数据不能再被拆分的最小数据单元。比如，"联系方式"不属于数据项，其可拆分为"联系人""联系电话"等。

容量等数据项；对于装卸搬运装备而言，突出其转弯半径（mm）、举升高度（mm）和不同环境下的作业极限等数据项。

示例：配送装备数质量的完整性

各级配送装备管理部门为适应列装列编的配送装备型号及数量的不断增加，更加准确地掌握装备实力信息，开发了与装备管理相关的若干软件——装备数质量管理网络系统、装备管理辅助决策支持系统，数据库系统从单机版发展到网络版，为装备的精细化管理和装备调配决策提供了有效的方法手段。

现状：配送装备数质量的数据结构（实力表）主要包括：装备编码、编目代码、型号装备名称、出厂日期、接装日期、质量状况、生产厂家、采购合同编号，以及维修情况（不是数据项）、登记时间等内容。

问题：目前装备数质量系统的数据结构基本满足了配送领域信息需求，但是衡量其装备的完备性、完好性等信息还不够。

建议：为了可靠评估装备的战术技术性能，应增加技术鉴定时间，并拆分维修情况为具体数据项。

本章在界定物资配送数据语法质量的含义、管理及核实的基础上，参照GB/T 36344—2018《信息技术 数据质量评价指标》，结合物资配送领域特点，提出了数据结构合理性、实体完整性、参照完整性、领域完整性和用户自定义完整性等语法测量规则及其方法的建议；参照ISO 8000数据语法质量概念模型，给出物资配送数据语法质量管理模型，设计了语法质量核实业务流程，细化了待检数据准备，参照数据修订、语法质量测量、质量问题确认和质量问题修订环节的关键内容，给出了配送领域内数据语法质量提升的数据治理方法和思路。

第五章　物资配送数据语义质量管理

语义是对数据符号的解释，而语法则是对这些符号之间组织规则和结构关系的定义。在信息集成领域，数据是通过模式组织的，特别对于模式不存在或者隐含的非结构化数据和半结构化数据，需要在集成前定义出它们的模式，数据的访问也是通过作用于模式来获取的，即语义就是模式元素（类、属性、约束等）的含义，而语义法则是模式元素的结构。

第一节　配送数据语义质量测评规则

配送信息就是被赋予了含义的配送数据。如果配送数据被赋予的含义能够被计算机所"理解"，即能够通过形式化系统解释、推理并判断，那么该信息就是能够被计算机处理的信息。

一、基本概念

本部分围绕被赋予含义的配送数据是否存在歧义，重点介绍语义异构、数据语义质量、配送数据语义质量、配送数据语义质量管理、配送数据语义质量核实的界定。

（一）语义异构

语言所蕴含的意义就是语义。符号是语言的载体，符号本身没有任何意义，只有被赋予含义的符号才能够被使用，语言的含义就是语义。语义具有领域性特征，不属于任何领域的语义是不存在的。

语义异构是指同一事物在解释上存在差异，也体现为同一事物在不同领域中得到的理解不同。

（二）数据语义质量

数据语义质量是可识别数据单元与所表示实体的唯一且明确的对应表达。因此，需要满足的是数据与实体的对应关系，这些实体通过概念模型来表示。数据语义质量是数据与其所示内容相对应的程度，主要从以下6个方面测量。

（1）对于数据语义的完全映射，某特定语句必须是真实的陈述的判断，需要通过表示利益领域中的每个实体是否完全映射，验证是否满足数据与数据所示内容之间的对应关系。

（2）对于数据语义的一致映射，是否存在重复定义、不一致来源等情况，利益相关领域中的每个实体必须体现为三种情况之一，即最多一个可识别的数据单元，或者多个但一致的可识别单元，或者多个可识别的单元，它们的一致性在可接受的时间范围内得到解决。比如，在员工登记簿中，一名员工被分配了两个工号。

（3）对于有意义映射，数据含义应准确且有效，每个可识别的数据单元应代表利益领域中至少一个特定实体。比如，在员工登记册中，某一工号与任何员工都不对应。

（4）对于明确映射，存在数据含义模糊、"责任"不清、唯一性问题，每个可识别的数据单元必须最多代表利益领域中的一个特定实体。比如，在员工登记册中，两名员工获得相同的工号。

（5）对于利益领域中实体的正确映射，存在数据含义关联错误的情况，每个可识别的数据单元应映射到利益领域中的正确实体。比如，在一个员工登记册中，两个员工的工号有误。

（6）对于属性正确映射，数据含义来源或维护错误的情况，可识别数据单元中的所有属性值必须与利益领域中表示实体的属性值相匹配。比如，在员工注册中，员工的注册地址不正确。

（三）配送数据语义质量

配送数据语义质量是指围绕配送数据质量准确性维度，测量配送数据含义的表达清楚且无歧义、真实程度、精度、唯一性和可溯源度等语义要求的符合度。

配送数据语义，特别是半结构化数据和非结构化数据的语义，重点评估配送数据的正确性、可靠性和可鉴别的程度，主要采用概率统计方式，对数据是否造假、是否预估拼凑，数据精度是否符合要求、是否满足相关业务需求等方面进行分析，评估配送数据语义质量问题。

（四）配送数据语义质量管理

配送数据语义质量管理，是基于数据语义概念模型和预设数据语义质量测量流程，进行配送数据的准确、正确和可解释程度的测量、评估和修订的活动。

配送领域的主数据可控、业务数据有限，充分借助数据库技术优势，依托定制软件测量与评估，利用NoSQL的键值数据库（如MongoDB等）作为基准数据库和数据仓库使用。从语义测量难易程度方面看，相对于数据语法质量，数据语义质量的测量、评估难度和方法都不同，不能简单地比对，要充分利用数理统计方法，比如半（非）结构化数据含义，围绕待测数据应用语境和基准数据库进行测量评估。

（五）配送数据语义质量核实

配送数据语义质量管理需要围绕待检数据的语义异构问题，判断是否存在配送数据语义问题。

配送数据语义质量核实是指通过提供配送数据语义质量维度的测量证据，来确认是否满足指定的语义质量要求。

二、语义质量问题

围绕配送数据语义异构的现状，综合以往从事物流数据开发与应用的经验，将语义质量问题归纳总结为数据精确性，即数据的精度是否符合要求，相关维度是数据完整性。经分析归纳形成如图5-1所示的配送数据语义质量问题清单。

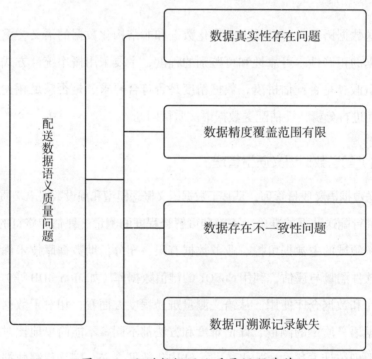

图5-1 配送数据语义质量问题清单

（一）数据真实性存在问题

配送数据真实性是指配送数据内容的正确性。分为失真数据、经验数据和假数据三类。

1. 失真数据

失真数据是指原始数据内容由于计算机或人为因素的改变，与真实数据发生偏差。造成数据失真的原因是多方面的，有自动识别的、有手工录入的，存在采集、传输、规范和存储的各个环节，输入环节和输出环节都存在造成失真数据的可能。

比如，失真的结构化数据，是自动识别为"乱码的"、输入数字顺序不对的、由权限问题造成重复修订的、与计量单位不匹配的数据等。失真的半（非）结构化数据，包括归纳"跑题""不准确""不全面"的、存储失败转为"乱码"的、由于数据模型因素造成抽取错误的数据，等等。

2. 经验数据

经验数据是指根据历史资料及领域知识，预定义某特征数据的内容，支持业务需要。

结构化数据的经验数据，比如年度物资储备数量、轻武器弹药预计消耗量、配送装备修理类型、组配时间、运输时间、可动用配送装备等数据，因为受到多种因素影响难以精确计算，所以常采用经验方法进行概论预计。

半（非）结构化数据的经验数据，如配送动态数据预测、装备战术技术状态检测等。

3. 假数据

假数据是指根据任务需要编造的各类数据。这类数据不属于经验数据，经验数据是具备一定客观规律的。对于配送数据的开发与应用，假数据会直接造成配送实施方案的错误。在数据驱动"一切"的时代，"数据造假比没有数据更加可怕"。

结构化数据的假数据，指编造的可强加给配送力量的装备品种及数量、编造的配送装备维修记录、编造的物资储备结构等。

半（非）结构化数据的假数据，指编造的物资储备保障能力等。

（二）数据精度覆盖范围有限

配送数据精度覆盖范围是指满足配送各个环节的数据需求的程度。可从配送的数值型精度、数据粒度和数据内容规范程度三类来分析。

1. **数值型精度**

数据精度针对数据类型为数值型的特征数据的数值，如整型、浮点型等类型数据。

数值型精度主要存在特征数据在度量时获取的数据精度不完整、位数不够、应用时截取精度不合理等问题，进而造成数据重新度量或者重新运算，难以满足数据运用所需的精度。比如，储备物资小位数/基数、四舍五入的各类浮点型数据、储存单位/需求单位驻地经纬度数据、交通线路精确程度，以及特定领域配送力量及资源的浮点型精度的匹配程度等，都会影响精确配送的组织实施。

2. **数据粒度**

数据粒度是指配送数据（特征数据）的汇总程度。一般情况下，数据粒度越小，支持业务范围越大；反之，数据粒度越大，支持业务范围就越小。比如，就储存物资品种数量而言，不同部门需要的数据粗细程度是不同的，储存仓库保管员需要掌握流水账［凭证号、包装物资、规格型号、质量状况、计划入库（出库）、实际入库（出库）、入库（出库）时间、库区编号、存储位置、条码、作业人员等数据集］，储存仓库业务部门需要掌握每种类型物资库存数量及质量（库区编号、包装物资、规格型号、质量状况、库存数量等数据集），储存仓库上级需要掌握每个储存仓库库存情况（储存仓库名称、包装物资、规格型号、质量状况、库存数量等数据集）等，以此类推。由此可知，管理层次越高，需要的数据粒度越大，归类汇总程度越高。

无论是结构化数据还是半（非）结构化数据，为确保数据保障面广，在采集数据时应尽量将数据粒度做到最小。比如，对于前面涉及的各类命令、通知、报告等，应结合半（非）结构化数据模型，从数据中抽取出独立信息单元，尽量使用标准术语，保证能够被计算机识别运用，提高该类数据的数据化管理水平，参与决策支持力度。

3. 数据内容规范程度

数据内容规范程度是指数据内容描述的正确性。特别是半（非）结构化数据的特征数据的描述，若仅靠自动化"解析"手段，需要经过不断抽取—应用—评估—反馈等循环往复的过程，逐步完善。如同"百度搜索""360搜索"等平台，在用户实践应用过程中，不断修订"词库"、不断完善搜索智能算法等。

要有效运用半（非）结构化数据，应对配送相关的标准、规范和指导文件等知识数据化，构建配送数据语义质量基准库，与语义质量规则集成测量与评估数据质量的好坏。

（三）数据存在不一致性问题

数据一致性是指关联数据之间的逻辑关系是否正确和完整，通常是指在不同的地方存储和使用的同一数据应当是等价的事实。

该类问题，主要体现在同含义数据的内容存在不一致，配送业务抽取业务同一特征数据内容与预期不一致，或者抽取的同一数据集存在"多个答案"，或者抽取的某特征数据凭空消失或违背"能量守恒定律"。比如，某型号包装物资的质量状况，储存单位标记为"待报废"，而上级业务部门标记为"堪用"。

（四）数据可溯源记录缺失

为提高配送数据管理质量，应对发现的数据问题寻根溯源，定位到数据问题环节和数据管理人员，有针对性地提出解决方案。但是当前，特定领域的配送是各类配送力量的融合阶段，与配送相关的数据库系统，在数据获取、传输、存储、处理和开发与应用环节中，数据溯源记录缺失。

虽然特定领域配送运用的数据主要是结构化数据，以集中式或分布式的形式存储在业务数据库系统内，该系统具备一些数据操作溯源记录，但为有效且针对性地解决配送数据语义质量问题，还需要从配送相关数据库系统设计入手，数据质量管理与数据库系统应用是一体的，只有在数据库系统设计时加大数据质量的管控，辅以数据质量管理系统，才能持续地提高配送数据语义质量。

三、语义质量规则

配送数据语义质量的测量与评估效果，取决于数据语义质量测量与评估规则设计的合理性和语义质量问题的覆盖程度。参照 ISO 8000-8《数据质量　第8部分：信息和数据质量：概念和测量》，结合配送数据保障需求的数据集，重点介绍配送数据语义规则要求和5种类型的语义质量规则。

（一）语义质量规则要求

根据数据语义测量与评估的特点，语义质量规则遵照以下几点要求：描述语义质量规则的概念模型及其相互关系；通过概念模型，描述数据的表示形式，继而映射到它们所表示的内容上；根据概念模型，给出测量数据语义的方法；描述如何将来自标准的规则转化为度量；对于每个语义规则而言，应包括明确如何衡量一致性的定义，说明"不遵守规则"的含义。比如，当违反完全映射的规则时，数据集中的注册信息可能会丢失；如果在概念模型中存在无须进行检查的外部实体或类型，应将其列出；给出如何记录和显示偏差的定义；明确对每个规则进行检查的次数；给出符合每个规则的出现次数。

但是，在许多现实情况下，全面检查数据单元与其所示的外部实体之间的对应关系几乎是不可能完成的任务。可以应用采样技术和统计方法来给出语义质量的概率视图。建议使用现有的"可信代理"，而不是检查与利益领域中实体的对应关系。例如，利益领域中实体的电子表示形式已经过验证。但是对于配送系统的特定领域内数据的有限性组织实施逐项测量与评估，对于特定领域外的相关配送力量及物资数据语义质量，可采用"可信代理"模式，经过相关机构认证后，即不进行反复测量与评估，提高相关数据质量语义测量效率。

（二）语义质量规则构成

数据语义质量的测量与配送数据质量准确性维度和可解释性维度相关，以配送数据语法质量规则为基础，将配送数据语义质量规则区分为完全映射准确性、一致映射准确性和正确映射准确性等类型。通过上述三种类型映射，实现对配送数据语义质量问题的测量与评估。数据真实性和可溯源性问题是各类型映射准确性的共性问题，体现在各类型语义质量规则内容上。

1. 完全映射准确性

完全映射准确性是指测量数据及其内容的存在性，判断配送业务数据和主数据的完整性及其关系。重点是判断实现配送数据集及其特征数据语义是否能够与具体实体建立联系。

（1）语义质量规则至少包括以下三类条目。

① 判断实体完全映射，即判断待检数据集（记录）涉及的主数据（1个及以上特征数据构成）是否都有对应具体实体。基于关系型数据库的实体完全映射，通过参照完整性约束能够有效解决，但是当前大数据时代，SQL数据库和NoSQL数据库并存，联合为配送提供辅助决策数据支持。这种情况下，关系型数据库优势难以有效发挥，且NoSQL数据库冗余度较大，比如，键值型、文档型的数据库，各个数据库"表"之间没有参照完整性约束机制，因此，数据语义质量测量首先要判断实体是否完全被映射。

实体完全映射主要是各个实体及其联系涉及的关键字和主键，提出字段级实体映射（ST_{zd}）和记录级实体完全映射（ST_{jl}）的计算方法如下：

ST_{zd}=（被映射的字段数/预期被映射的字段数）×100%

ST_{jl}=（被完全映射的记录数/预期被完全映射的记录数）×100%

围绕同一个业务主题，数据缺陷存在逐级叠加，造成数据可用性下降。主题下的字段级实体映射（ΔST_{zd}）和记录级实体完全映射（ΔST_{jl}）的计算方法如下：

$$\Delta ST_{zd}=\left(ST_{zd1} \times ST_{zd2} \times \cdots \times ST_{zdn}\right) \times 100\%$$

$$\Delta ST_{jl}=\left(ST_{jl1} \times ST_{jl2} \times \cdots \times ST_{jln}\right) \times 100\%$$

该类条目规则定制，主要是利用SQL/NoSQL语言、数据库 View 视图、数据库存储过程、数据库触发器等方法，定制规则即可。语义质量测量及评估等级分为"满足""不满足""不确定""不适用"4个级别。

利用软件功能，业务数据提交后，可实时显示数据全映射状态。

② 判断特征数据完全映射，即判断待检数据集（记录）内特征数据（字段）对应内容是否为存在于映射实体内对应的数据内容。该条目原则上可结合条目判断实体完全映射时同步实时分开记录，但是由于业务数据内某些特征数据不包含在实体数据内，需要特别注明并给出测量方法。

特征数据完全映射主要是各个实体及其联系涉及的特征数据内容，提出字段级特征数据映射（TZ_{zd}）和记录级特征数据完全映射（TZ_{jl}）的计算方法如下：

$$TZ_{zd}=\left(被映射的特征数据数/预期被映射的特征数据数\right) \times 100\%$$

$$TZ_{jl}=\left(被完全映射的记录数/预期被完全映射的记录数\right) \times 100\%$$

围绕同一个业务主题，数据缺陷存在逐级叠加，造成数据可用性下降。给出主题下的字段级特征数据映射（ΔTZ_{zd}）和记录级特征数据完全映射（ΔTZ_{jl}）的计算方法，但是还需要考虑不同字段的权重：

$$\Delta TZ_{zd}=\left(TZ_{zd1} \times TZ_{zd2} \times \cdots \times TZ_{zdn}\right) \times 100\%$$

$$\Delta TZ_{jl}=\left(TZ_{jl1} \times TZ_{jl2} \times \cdots \times TZ_{jln}\right) \times 100\%$$

该类条目规则定制与判断实体完全映射条目规则定制方法相似，主要是遍历及匹配，但是对于半（非）结构化数据的特征数据而言，需要定制包含关系、相似度、关键词（句）的存在性等方法。语义质量测量及评估等级分为"满足""不满足""不确定""不适用"4个级别。

③ 判断待检数据溯源性，对待检数据集、数据记录、单个特征数据的内容来源进行测量与评估。对任一待检对象（如数据集、记录、字段的数据内

容）都要进行溯源。

数据溯源性主要是各个字段、记录及记录级中的特征数据内容的来源问题，提出字段级数据溯源性（SY_{zd}）和记录级数据完全溯源性（SY_{jl}）的计算方法，其中数据集合的溯源可用记录级数据溯源：

SY_{zd}=（有溯源记录的字段数/预期有溯源记录的字段数）× 100%

SY_{jl}=（有完全溯源记录的记录数/预期有完全溯源记录的记录数）× 100%

围绕同一个业务主题，数据缺陷存在逐级叠加，造成数据可用性下降。给出主题下的字段级数据溯源性（ΔSY_{zd}）和记录级数据溯源性（ΔSY_{jl}）的计算方法：

ΔSY_{zd}=（$SY_{zd1} \times SY_{zd2} \times \cdots \times SY_{zdn}$）× 100%

ΔSY_{jl}=（$SY_{jl1} \times SY_{jl2} \times \cdots \times SY_{jln}$）× 100%

该类条目规则定制，与判断实体完全映射条目规则定制方法相似。语义质量测量及评估等级分为"满足""不满足""不确定""不适用"4个级别。

（2）条目综合评估。

假设数据的实体完全映射权重为qzd_{st}、qjl_{st}、特征数据完全映射权重为qzd_{tz}、qjl_{tz}、待检数据溯源性权重为qzd_{sy}、qjl_{sy}等，提出了字段级（ΔWQ_{zd}）和记录级（ΔWQ_{jl}）的综合评估的计算方法如下：

ΔWQ_{zd}=$qzd_{st} \times JG_{st}$+$qzd_{tz} \times JG_{tz}$+$qzd_{sy} \times JG_{sy}$

ΔWQ_{jl}=$qjl_{st} \times JG_{st}$+$qjl_{tz} \times JG_{tz}$+$qjl_{sy} \times JG_{sy}$

上述公式内的权重占比主要采用专家和用户打分相结合方法实施，一般情况下，对于完全映射的三类条目的权重，一般情况下权重由大到小依次是特征数据完全映射、实体完全映射和待检数据溯源性。

2. 一致映射准确性

一致映射准确性是指存在的记录是唯一的、无重复的一个值或版本，测量待检数据对象的数据内容是否重复、来源是否唯一、是否造成应用和理解语义歧义问题。对配送数据一致性的测量与评估至关重要。语义质量规则至少包括以下5个条目。

（1）判断数据本身匹配结果是否唯一，以待检数据主键为基准，统计数据库或数据库集群内存在匹配结果的数量，如果存在1个以上，则进一步测量关键特征数据（记录、字段）内容的一致情况。

该测量是围绕记录本身所属数据库或数据库集群，来测量记录本身存在的数量，提出字段级数据本身一致性（BS_{zd}）和记录级数据本身一致性（BS_{jl}）的计算方法如下：

BS_{zd}=（记录一致的字段数/预期记录一致的字段数）×100%

BS_{jl}=（记录唯一的记录数/预期记录唯一的记录数）×100%

围绕同一个业务主题，数据缺陷存在逐级叠加，造成数据可用性下降的问题，给出主题下的字段级数据本身一致性（ΔBS_{zd}）和记录级数据本身一致性（ΔBS_{jl}）的计算方法如下：

ΔBS_{zd}=（$BS_{zd1} \times BS_{zd2} \times \cdots \times BS_{zdn}$）×100%

ΔBS_{jl}=（$BS_{jl1} \times BS_{jl2} \times \cdots \times BS_{jln}$）×100%

该类条目规则定制，与判断实体完全映射条目规则定制方法相似。语义质量测量及评估等级分为"满足""不满足""不确定""不适用"4个级别。

（2）判断数据内实体匹配结果是否唯一，以待检数据内实体标识符为基准，统计数据库或数据库集群内存在匹配结果的数量。如果待检实体存在两个及以上，则进一步测量关键特征数据（记录、字段）内容一致情况，判断是否为同一实体，或者不同实体同一标识符，给出评估等级。

该测量可分为字段级约束一致性（YS_{zd}）和记录级约束一致性（YS_{jl}），计算方法如下：

YS_{zd}=（约束内容一致的字段数/预期约束内容一致的字段数）×100%

YS_{jl}=（约束唯一的记录数/预期约束唯一的记录数）×100%

围绕同一个业务主题，数据缺陷存在逐级叠加，造成数据可用性下降。给出主题下的字段级约束一致性（ΔYS_{zd}）和记录级约束一致性（ΔYS_{jl}）的计算方法如下：

ΔYS_{zd}=（$YS_{zd1} \times YS_{zd2} \times \cdots \times YS_{zdn}$）×100%

$$\Delta YS_{jl} = \left(YS_{jl1} \times YS_{jl2} \times \cdots \times YS_{jln} \right) \times 100\%$$

该类条目规则定制，与判断实体完全映射条目规则定制方法相似。语义质量测量及评估等级分为"满足""不满足""不确定""不适用"4个级别。

（3）判断数据来源一致性，对待检数据对象，特别是存在1个以上匹配对象的情况下，从数据溯源角度分析其合理性，以及权限管控及软件存在的问题。

该测量可分为字段级数据来源一致性（LY_{zd}）和记录级数据来源一致性（LY_{jl}），计算方法如下：

$$LY_{zd} = \left(来源一致的字段数 / 预期来源一致的字段数 \right) \times 100\%$$

$$LY_{jl} = \left(来源一致的记录数 / 预期来源一致的记录数 \right) \times 100\%$$

围绕同一个业务主题，数据缺陷存在逐级叠加，造成数据可用性下降。给出主题下的字段级数据来源一致性（ΔLY_{zd}）和记录级数据来源一致性（ΔLY_{jl}）的计算方法：

$$\Delta LY_{zd} = \left(LY_{zd1} \times LY_{zd2} \times \cdots \times LY_{zdn} \right) \times 100\%$$

$$\Delta LY_{jl} = \left(LY_{jl1} \times LY_{jl2} \times \cdots \times LY_{jln} \right) \times 100\%$$

该类条目规则定制，基本与上面条目规则定制相同。另外，对于权限控制及软件存在的问题，采用与基准数据匹配形式的测量与评估。语义质量测量及评估等级分为"满足""不满足""不确定""不适用"4个级别。

（4）判断特征数据内容是否违反"能量永恒定律"，针对特殊的、关键的特征数据内容进行回溯统计，判断其是否形成数据"闭环"。

该测量针对关键特征数据（字段）生命周期的逻辑关系的正确性进行测量，分为字段级生命周期逻辑正确（LJ_{zd}）和记录级生命周期逻辑完全正确（LJ_{jl}）的计算方法：

$$LJ_{zd} = \left(逻辑正确的字段数 / 预期逻辑正确的字段数 \right) \times 100\%$$

$$LJ_{jl} = \left(逻辑完全正确的记录数 / 预期逻辑完全正确的记录数 \right) \times 100\%$$

围绕同一个业务主题，数据缺陷存在逐级叠加，造成数据可用性下降。给出主题字段级生命周期逻辑正确（ΔLJ_{zd}）和记录级生命周期逻辑完全正确（ΔLJ_{jl}）的计算方法：

$$\Delta LJ_{zd} = (LJ_{zd1} \times LJ_{zd2} \times \cdots \times LJ_{zdn}) \times 100\%$$

$$\Delta LJ_{jl} = (LJ_{jl1} \times LJ_{jl2} \times \cdots \times LJ_{jln}) \times 100\%$$

该类条目规则定制，需要单独设计及编码，专门设计回溯统计流程。一个简单例子，某规格型号物资共有库存1000套，先后调拨出库500套，分配到10个需求单位，要求统计该型号1000套物资的数据"闭环"，需要设计包括剩余库存物资、途中物资、需求单位接收物资和消耗物资，各种情形下的物资数量都要获取，这样才能"凑够"1000套。语义质量测量及评估等级分为"满足""不满足""不确定""不适用"4个级别，既可评估软件功能，也可评估过程性记录是否合理。

（5）条目综合评估。假设数据本身匹配权重为qzd_{bs}、qjl_{bs}，数据内实体匹配权重为qzd_{ys}、qjl_{ys}，数据来源一致性权重为qzd_{ly}、qjl_{ly}，特征数据逻辑一致性权重为qzd_{lj}、qjl_{lj}等，提出了字段级（ΔYZ_{zd}）和记录级（ΔYZ_{jl}）的综合评估的计算方法如下：

$$\Delta YZ_{zd} = qzd_{bs} \times JG_{bs} + qzd_{ys} \times JG_{ys} + qzd_{ly} \times JG_{ly} + qzd_{lj} \times JG_{lj}$$

$$\Delta YZ_{jl} = qjl_{bs} \times JG_{bs} + qjl_{ys} \times JG_{ys} + qjl_{ly} \times JG_{ly} + qjl_{lj} \times JG_{lj}$$

上述权重占比主要采用专家和用户打分相结合的方法实施，对于完全映射的4类条目的权重，一般情况下权重由大到小依次是数据本身匹配、特征数据逻辑一致性、数据内实体匹配、数据来源一致性。

3. 正确映射准确性

正确映射准确性是指测量待检数据对象内的特征数据的内容是否客观且可用。在数据语法质量测量基础上，进一步测量待检对象的各个特定数据内容的正确性。

判断数据内容的正确性，无论是结构化数据还是半（非）结构化数据，都以基准数据为基础，统计待检数据对象的特征数据内容与基准数据内可接受数据内容的匹配程度，给出概率。

该测量针对待检数据的特征数据（字段）内容的准确性，分为字段级内容正确映射（ZQ_{zd}）和记录级内容完全正确映射（ZQ_{jl}），计算方法如下：

ZQ_{zd}=（内容正确的字段数/预期内容正确的字段数）×100%

ZQ_{jl}=（内容完全正确的记录数/预期内容完全正确的记录数）×100%

针对同一个业务主题，数据缺陷存在逐级叠加，造成数据可用性下降的问题。给出主题字段级内容正确映射（ΔZQ_{zd}）和记录级内容完全正确映射（ΔZQ_{jl}）的计算方法如下：

$$\Delta ZQ_{zd}=（ZQ_{zd1} \times ZQ_{zd2} \times \cdots \times ZQ_{zdn}）\times 100\%$$

$$\Delta ZQ_{jl}=（ZQ_{jl1} \times ZQ_{jl2} \times \cdots \times ZQ_{jln}）\times 100\%$$

该类条目规则定制，与判断实体完全映射条目规则定制方法相似。语义质量测量及评估等级分为"满足""不满足""不确定""不适用"4个级别。

（三）语义质量综合评估

假设数据的完全映射准确性权重为qzd_{wq}、qjl_{wq}，一致映射准确性权重为qzd_{yz}、qjl_{yz}，正确映射准确性权重为qzd_{zq}、qjl_{zq}等。提出了字段级（ΔNH_{zd}）和记录级（ΔNH_{jl}）的综合评估的计算方法如下：

$$\Delta NH_{zd}=qzd_{wq} \times \Delta WQ_{zd}+qzd_{yz} \times \Delta YZ_{zd}+qzd_{zq} \times \Delta ZQ_{zd}$$

$$\Delta NH_{jl}=qjl_{wq} \times \Delta WQ_{jl}+qjl_{yz} \times \Delta YZ_{jl}+qjl_{zq} \times \Delta ZQ_{jl}$$

上述公式中的权重占比主要采用专家和用户打分相结合的方法获得。一般情况下，记录级权重由大到小的顺序为一致映射准确性、正确映射准确性、完全映射准确性；字段级权重由大到小的顺序为正确映射准确性、一致映射准确性、完全映射准确性。

数据语义质量权重示例，如表5-1所示。

表5-1　　　　　　　　　　数据语义质量权重（仅供参考）

级别	完全映射准确性	一致映射准确性	正确映射准确性
字段	0.2	0.3	0.5
记录	0.2	0.5	0.3

但要注意，针对不同的待检数据集，字段级和记录级对应的3个测量项目的权重是不同的，且对"满足""不满足""不确定""不适用"的占比也存在差异。

第二节　配送数据语义质量管理设计

配送数据语义质量测量与评估用于解决配送数据语义异构问题，是配送数据语用质量的基础，只有配送数据语义无异构，才能更好地支持配送数据语用质量的提升。

一、语义质量管理模型

本部分主要介绍配送数据语用质量管理的核实要素构成和核实概念结构。

（一）核实要素构成

参照ISO 8000-8，根据配送数据语义质量管理要求，提出配送数据语义质量管理要素结构，如图5-2所示。

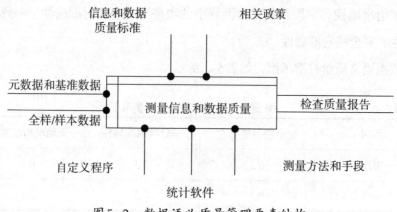

图5-2　数据语义质量管理要素结构

图5-2中，检查围绕配送数据的测量信息和数据质量展开。由于配送数据的特殊性，采集和应用数据需要相关政策的保证，参照配送相关信息和数据质量标准，基于元数据和基准数据（可接受的数据），利用自定义程序和统计软件，对全样/样本数据进行检查，并将检查结果形成检查质量报告。

（二）核实概念结构

从配送数据语义质量检查入手，参照ISO 8000-8，测量语义质量活动由4个环节构成，即确定并准备概念模型、确定并准备数据样本/子集、核实语义质量和准备语义质量报告。配送数据语义质量检查关键环节如图5-3所示。

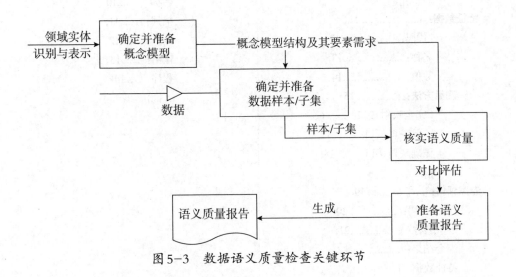

图5-3　数据语义质量检查关键环节

1. 确定并准备概念模型

概念模型是语义质量测量的核心，通过概念模型定制数据对象的完全映射、一致映射和正确映射测量所需内容。为充分发挥现代数据库查询搜索优势，比如键-值型的Monog DB数据库，数据结构设置灵活且查询搜索性能非常高，采用键-值结构（即JSON格式结构）设计模型，如表5-2所示。

表5-2　　　　　　　　　**配送数据语义质量概念模型**

概念模型	方法接口

{
模型代码：..................1,
模型名称：..................2,
测量开始时间：..............3,
测量截止时间：..............4,
综合评估： [..................5
　　方法接口：..............6,
　　方法名称：..............7,
　　权重分配： [............8
　　　　{特征数据代码：........9,
　　　　特征数据权重：.......10}
　　, {...}]],
特征数据： [..................11
　　{代码：..................12,
　　名称：..................13,
　　数值：..................14,
　　测量方法： [............15
　　　　{ 完全映射接口：.....16,
　　　　一致映射接口：......17,
　　　　正确映射接口：.....18}
　　}]],
专家评估： [..................19
　　{专家代码：.............20,
　　专家名称：..............21,
　　综合结果：..............22,
　　特征数据：[
　　　　{代码：..............23,
　　　　结果：.............24},
　　　　{...}]}]}
}
	{
	　综合评估： [.......1
	　　{接口：.........2,
	　　名称：.........3,
	　　描述：.........4,
	　　输入：.........5,
	　　输出：.........6,
	　　程序.........7}
	　, {...}]],
	　测量方法： [.......8
	　　{接口：.........9,
	　　名称：........10,
	　　描述：.......11,
	　　输入：.......12,
	　　输出：.......13,
	　　程序.......14}
	　, {...}]
	}

说明：对于概念模型，节点8含一个及以上{9、10}组合结构，节点11包括一个及以上{12、13、14、15}组合结构；对于方法接口，节点1包括一个及以上{2、3、4、5、6、7}组合结构，节点8包括一个及以上{9、10、11、12、13}组合结构。

由于被检测数据对象包含结构化数据、半（非）结构化数据，而且被检测对象又分为多条记录的数据集、某条记录、某字段（特征数据），若干相关字段（特征数据）构成记录，若干相关记录构成数据集，而且不同数据对象的语义质量测量和评估方法也必然存在差异。因此，概念模型的设计应具备好的适应能力，具备好的可操作性。

采用JSON格式设计的概念模型结构，能够满足各类数据对象测量与评估，且可根据需要随时扩展。表5-3给出测量过程中初始化的语义质量概念模型示例。

表5-3 语义质量概念模型示例

概念模型	方法接口

{
模型代码："MX-YY-100"，
模型名称："语义质量检查模型"，
测量开始时间：2020-02-10 8：10：30，
测量截止时间：2020-02-11 9：11：32，
综合评估：[
　　方法接口："PG-FF-002"，
　　方法名称："某评估方法"，
　　权重分配：[
　　　　{特征数据代码："YSJ-WZDM-001"，
　　　　特征数据权重：0.5}，
　　　　{特征数据代码："YSJ-WZMC-002"，
　　　　特征数据权重：0.5}]]，
　　特征数据：[
　　{代码："YSJ-WZDM-001"，
　　名称：物资代码，
　　数值："高原型炊事车维修器材"，
　　测量方法：[
　　　{ **完全映射接口："YY-WQYS-102"，**
　　　一致映射接口："YY-YZYS-201"，
　　　正确映射接口："YY-ZQYS-002" }
　　]}]]
　　}
	{
	综合评估：[
	　　{**接口："PG-FF-002"，**
	　　名称："某评估方法"，
	　　描述：语义质量评估，
	　　输入：..........，
	　　输出：..........，
	　　程序..........}
	　　，{...}]，
	　　　测量方法：[
	　　　{**接口："YY-WQYS-102"，**
	　　　名称："失真数据"，
	　　　描述："失真数据校验"，
	　　　输入：""，
	　　　输出：""}
	　　　，{接口："YY-YZYS-201"，
	　　　...}
	　　　，{接口："YY-ZQYS-002"，
	　　　...}]
	　}

2. 确定并准备数据样本 / 子集

为提高语义质量测量时效性，要及时将带检查的配送数据抽取、转换、规范推送到数据仓库。推送到数据仓库的数据来源多，既有特定领域内的也有特定领域外的。启动检查之前，应通过定制利用装载工具，对需要进行语义质量测量的数据对象，定时从相关数据源读取数据，为后续合适语义质量提供"样本"。

3. 核实语义质量

语义质量测量分为全面测量和专项测量，全面测量是按照预设时间自动测量与评估，专项测量是针对具体业务主题需要进行测量与评估。无论是哪种测量方式，对于语义质量测量与评估而言，都需要系统自动测评和专家评估相结合的方式。

按照装载数据，"逐项"加载到概念模型。数据质量管理系统利用"黑匣子"装载数据对象，通过调用相关方法接口进行测量，按要求综合评估，给出数据对象的质量等级。

4. 准备语义质量报告

由数据技术人员，根据核实语义质量的测量与评估结果，按照预设模板形成配送数据语义质量报告，并提交到相应管理部门和配送相关环节机构。

二、语义质量核实环节

本部分介绍配送数据语义质量的核实流程及其各环节的功能概述。

（一）语义质量核实流程

参照配送数据质量管理主流程，结合语义质量检查特点，给出配送数据语义质量管理流程（见图5-4）。分为4个环节10个步骤，其中，4个环节包括待检数据准备、数据语义测量、数据语义评估和质量问题修订环节。

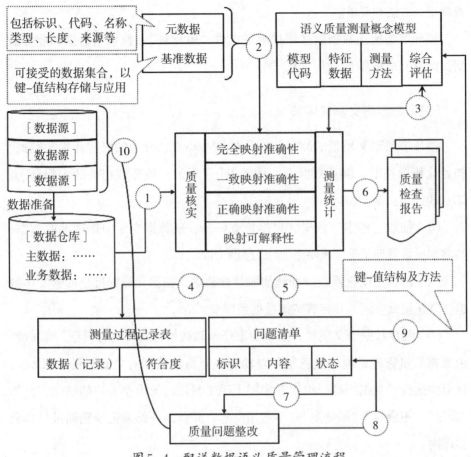

图 5-4　配送数据语义质量管理流程

（二）待检数据准备环节

配送数据具有多源特点，有来自业务部门的，也有来自企事业单位的，为持续保持关联与聚集的数据的语义质量，要将"样本"数据预装到数据仓库。按照预定的抽取、净化、转换的规则，对"样本"进行"分解""规范"，提前装载到相应数据仓库。被装载的数据不能提高或降低数据粒度，同时也必须详细记录溯源。

另外，要完善基准数据和语义质量模型规则，新增本次语义测量与评估需要的可接受的数据，或者根据反馈意见，修订问题清单标记的语义质量检查规则、方法和要求。

该环节为配送数据语义质量测量提供"原材料",包括主数据和业务数据,涉及的步骤有①、⑦、⑨、⑩。

（三）数据语义测量环节

该环节是语义质量的测量与评估的核心环节,分为抽取"样本"数据、初始化概念模型、测量数据语义质量3个子环节。该环节相关的步骤有①、②、③、④、⑤、⑥。

（1）抽取"样本"数据。根据检查任务,从数据仓库中逐项抽取数据,装载到质量管理系统"黑匣子",缓存供读取。

（2）初始化概念模型。分解抽取待检数据,根据元数据批量搜索实体数据,创建模型事例,并装载实体数据到模型。

（3）测量数据语义质量。围绕抽取样本和初始化语义概念模型,第1步,由数据质量管理系统"黑匣子"自动完成对待检数据对象的测量;第2步,针对关键待检数据问题,组织专家网上手工测评,给出个人评估结论,比如"满足""不满足""不确定""不适用"等,并将测评结果记录到测量过程数据库内。

（四）数据语义评估环节

语义评估环节围绕语义测量记录及初步评估结果,利用有关算法进行综合评估。主要包括数据质量评估和问题清单更新两个子环节。配送数据语义质量问题清单示例如表5-4所示。

表5-4　　　　　　　　　配送数据语义质量问题清单示例

标识符	字段	问题描述	质量等级	改进方法	改进
WZ-001	联系方式	主数据映射不完全	不满足	强约束	完成
WZ-002	配送状态	数据不可追溯	不确定	痕迹管理	完成

标识符	字段	问题描述	质量等级	改进方法	改进
YZ-100	物资库存	数据来源不唯一	不满足	采集修订	正在
YZ-101	多维分析	数据处理后结果存在歧义	不确定	强约束	正在
ZQ-001	已动用量大于原保有量	数据内容不准确	不满足	①强约束②自定义约束	正在

（1）数据质量评估。综合数据质量管理信息系统记录的测量结果数据、系统自动测量结果和专家测评结果，提交综合评估方法，给出最终语义质量检查结果，用"不满足""不确定""不适用"的问题数据修订问题清单库。

（2）问题清单更新。根据评估数据质量结果，更新问题清单库，支持问题修订环节作业。

利用软件报表功能，按照报告预设模板（见附录C），通过步骤⑥自动生成质量检查报告。

（五）质量问题修订环节

该环节围绕配送数据语义质量问题，修订"样本"数据和语义概念模型。该环节的相关步骤有⑦、⑧、⑨、⑩。

修订"样本"数据，以问题清单为标识符和索引，数据库溯源记录明细，反向定位问题数据到多源数据库，进而由数据技术人员或业务人员根据问题清单建议的修订方法，实施问题数据的修订。

修订语义概念模型，在修订"样本"数据的过程中，特别是业务人员，对语义概念模型的键-值结构和测量规则提出意见建议，数据管理员和数据技术人员再次核准后修订概念模型内容。

第三节 配送典型数据语义质量分析

针对配送数据的语义质量，本节通过示例剖析库存数据不一致、数据方面服务不够等语义问题，以典型物流环节的数据库系统为例，展开概要功能、语义问题和数据质量改进方案的研究。

一、数据服务方面

配送数据方面的服务不够，主要是无法完全满足主数据和业务数据所含的特征数据集支持业务数据开发与应用的需求。当前，配送相关数据库系统的设计主要是围绕当下业务数据需求展开的，对跨部门数据需求考虑较少，特别是对特定领域配送衔接环节的数据交换需求考虑得较少。

示例：物资储备管理信息系统

物资储备管理信息系统，围绕物资储备及其保障所需的信息需求，重点是计划编制、实力统计等信息支持的需求，进行软件的设计与开发，用于支撑物资储备主管（分管）部门的各项业务工作。

根据现代物流信息系统的建设需求，该系统主要包括业务管理系统、储存单位管理系统、保障管理系统、筹措管理系统、数据挖掘系统和知识库管理系统等子系统。

（1）业务管理系统，用于保障物资储备日常活动的系统。功能包括规划计划、维护保养、轮换更新、物资动用、统计分析等。

（2）储存单位管理系统，用于储备物资储存单位日常作业管理的系统。主要功能包括出入库、维护保养、组套包装、实力统计，以及库房库容、设施设备管理等。

（3）保障管理系统，用于单位行动物资保障的计划编制、资源优化、实施监控、任务调度等。主要功能包括需求提报、资源管理、方案生成、任务调控、效能评估等。

（4）筹措管理系统，用于对物资采购、物资征用、委托地方加工等业务的管理。主要功能包括合同管理、质量验收、征用管理、委托加工信息管理和评估分析等。

（5）数据挖掘系统，用于决策部门按业务主题获取、按粒度汇总，通过信息显示构件展现数据分析结果。主要功能包括主题管理、粒度定制、处理汇总和统计分析等。

（6）知识库管理系统，用于储备业务、物资作业活动和系统数据业务的规范化标准化以及战储知识共享的支持系统。知识库主要包括政策法规、业务标准和知识仓库等。

（一）储备主数据需求

从数据驱动业务决策的角度看，物资储备管理信息系统的各个子系统所需的主数据的特征数据集都存在差别，但是核心的主数据是"储备物资"，是储备对象，它贯穿物资储备管理及保障的全流程。结合前面章节的内容，储备物资的数据结构设计是基于物资储备的计划编制和实力统计数据需求的。储备物资数据结构可概括为成套代码、物资代码、物资名称、规格型号、计量单位、单价、储存期限、维护保养费、是否购置、专业代码、实力代码、物资编目。

下面主要分析物资储备的业务管理、储存单位管理、保障管理、筹措管理和数据挖掘系统对储备物资数据结构的需求情况。

（1）物资储备业务管理，基于储备物资实力（即储备物资质量，库存物资的数量和质量状况），物资储备主管（分管）部门展开储备物资的购置、维护保养、轮换更新、布局调整、调拨等机关业务工作，从宏观角度掌握储备物资基本信息即可。虽然上述储备物资数据结构基本能够满足业务需要，但是从数据驱动机关业务决策的角度看，各级业务部门在进行相关计划编制和实力统计分析时，主要停留在品种和数量上，对于储备物资有关战术技术指标还停留在核心指标上，未能全面掌控。

（2）储备物资储存单位管理，核心工作就是物资保管和出入库作业，储备物资储存单位，比如，储供基地、战役仓库、场站、岸勤部（处）等单位，展开储备物资的出入库、维护保养、组套包装、实力统计等业务工作。从物资保管和实力统计的角度看，目前能够满足日常数据需求，从战储信息化角度看，战储数据结构应增加统一ID标识，比如条码、RFID等标签信息。但是，从物资"二次包装"及出入库作业的角度看，保管队人员还应提供物资技术基本数据（含适集性）信息，以便物资组套包装和科学装卸搬运作业，还需要为储存单位定制相关储备物资技术信息。

（3）物资储备保障管理，主要应用于战时，基于储备物资实力，物资储备主管（分管）部门展开任务式物资保障计划编制、状态跟踪和资源调控等业务工作，储备物资数据结构需求同业务管理系统储备物资数据结构需求。

（4）物资储备筹措管理，主要是当库存物资不足时，任务式储备物资的采购、征用和委托加工等业务工作。从储备物资战术技术的角度看，前述储备物资数据结构还不能完全满足业务需求，需要在原有数据结构的基础上，拓展必需的特征数据，如战术保障能力指标等。

（5）物资储备数据挖掘，物资储备数据驱动储备保障方案要充分运用大数据分析手段，从各方资源衔接与并用入手，深度挖掘物资储备数据资源的潜在价值。需要将物资储备的结构化数据和半（非）结构化数据按标准进行数据化处理，聚集发挥物资储备数据力，优化储备结构、快速形成保障力、科学综合评估物资储备，而最基础的是储备物资信息的完整数据化处理及综合应用，比如，储备物资的技术指标、战术指标、应急生产能力，以及可替代物资的响应等。

（二）有关意见建议

配送数据库系统作为现代物流信息系统的一部分，也必然要面向未来，融入智能化物流。特别是，配送主数据考虑的特征数据必须完备，相关半（非）结构化数据也应抽象为特征数据，支撑配送数据驱动效果。

（1）配送主数据和业务数据的特征数据的完备性，要满足当下业务数据需求、适应未来数据新需求。比如，物资主数据应对半（非）结构化数据进行抽取规范，并明确物资包装及适集性等集装单元的特征数据；储存单位、需求单位应包含驻地或部署地的经纬度数据；业务数据采集标准应为数据元素，即最小粒度数据，不能再次拆分为两个"数据元素"。

（2）配送主数据和业务数据的特征数据内容的上网，逐步实现各类数据的"一站式采集，多点共享应用"。但是，由于配送数据安全问题，各类数据集不能面向所有用户"公开"，且为满足当下适应未来，各对象的特征数据较为全面，数据量会逐步增大，因此，需要采取有效的数据划区存储、按需快速获取技术，支撑网上数据准确获取和可靠存储。

二、库存数据不一致

库存数据是指储存单位储备（储存）物资的数量和质量信息。库存数据不一致，是配送环节库存数据的可见性问题，即不同配送环节的相关业务部门掌握的库存数据存在差异。

示例：仓库管理信息系统

仓库管理信息系统是现代物流信息系统中仓储环节信息的管理手段。各类仓库是物资储存的主体，可分为综合仓库、油料仓库、营材仓库、维修器材仓库等，构建了物资储备体系。根据现代物流体系建设的意见，要建设成为物流枢纽和配送中心，进一步凸显了仓库信息化建设的地位。从业务范畴角度看，仓库管理信息系统可分为两大构件，即通用构件和专业构件。

通用构件，为本级及上级的管理部门及业务部门提供仓库基本情况和动态信息。该构件的功能主要包括：组织指挥、人力管理、仓库基本情况、保障预案、文电文件等。通用业务数据修订按职责分工，由仓库相关岗位人员完成，有人力资源部门的、有业务部门的，还有保障（保管）队的，同时仓库业务部门还负责将物资调拨结果及时反馈给相应调拨部门。

专用构件，为本级仓库及上级的业务部门及管理部门提供物资库内管理、出入库作业的信息管理手段。其业务数据修订主要由后方仓库业务部门和保障队（保管队）的相关岗位人员负责。功能主要包括出库（入库）通知单、流水账、组套包装、维护保养、盘点倒库、转级报废和统计分析等。具体有以下三个方面。

（1）出库（入库）管理。仓库业务部门依据出库（入库）计划，开具出库（入库）通知单，分发出库（入库）任务到相关保障（保管）队，作业完成后确认出库（入库）物资规格型号及其数量。

（2）库内管理。由保障（保管）队根据直属上级业务部门下达的相关通知组织实施。组套包装，出库（入库）过程中物资组套包装环节信息管理；维护保养，实施库内物资维护保养环节信息管理；盘点管理，库内物资数量和质量及位置的信息核准环节；转级报废，物资转级和报废信息管理。

（3）统计分析。主要是库存明细统计分析、库存统计分析和库存流水统计分析等。

（一）数据内容网络化

大数据本质之一就是数据全面网络化，无论数据多少只要全面上网就是一种质的改变。物资库存状态的可见性，对于本级及上级决策部门意义重大。本小节围绕当前储存物资仓库信息化建设情况，从仓储数据真实性、仓储数据内容不一致性和地方仓储资源数据获取三个方面分析库存数据不一致性问题。

1. 仓储数据真实性

体现数据真实性的特征数据有很多，影响数据真实性的因素也有很多，某些机构的仓储信息管理手段仍然以手工为主，很多关键数据停滞在"登记本""电子表格"内，人为造成记录或输入错误在所难免。仓库信息管理软件大多单机且应用不常态化，没有统一的管理部门，基本都是业务部门自行设计开发的，数据采集先进手段缺失，平时主要用于开具单证，形成大量"碎片化"数据，数据更新不及时。因此，各种各样的原因造成各级掌握的仓储数据，特别是储存物资数据，都存在失真情况。

2. 仓储数据内容不一致性

以储存物资为例，无论是本级还是上级决策部门，最关注的是物资标识、计量单位、储存数量、储存位置、质量状况等特征数据，即物资实力。首先，按照有关规定应建立定期合适库存状态机制，但是实际运行中，有采用"电子表格"方法汇总审核数据的，有利用仓库管理信息系统采用"数据盘"方法汇总审核数据的，上述方法都会造成仓库本级与上级业务部门、管理部门之间的数据不一致。其次，在年度物资实力汇总过程中，基本都是脱离实物审核，各级部门机构之间进行"数据互对"，实现数量上平衡，即使这样审核汇总物资实力数据，也存在数据不一致的现象。最后，仓储数据失真也是数据不一致性现象之一。综上所述，仓储数据管理方法和更新不及时，造成各级掌握的储存物资实力在运用时产生不一致性，影响物资调拨保障效率。

3. 地方仓储资源数据获取

地方仓储资源是特定领域物流配送活动中的重要支撑力量。地方物资资源是对物资储存不足、应急采购周期过长的重要补充，因此，平时需要与相关部门机构建立信息共享机制，准确获取相关仓储资源的数据，支撑特定领域物资的科学筹措。

（二）有关意见建议

只有物资库存数据实现共享且特征数据集满足要求，才能实现物资库存状态的可见，支持各方物资资源的统筹运用，提高行动物资的配送能力。基于此，首要解决的是数据不一致性问题，进而逐步完善数据质量管理机制和修订方法。

要围绕数据"一站式采集、多点共享"的目标，升级现有专业物资仓库管理信息系统，引入数据采集与自动识别技术、"文档"识别与自动分解技术，提高数据真实性。仓库本级及上级业务管理部门，都把仓储业务工作"搬到"仓库管理信息系统上，且常态化应用，消除"碎片化"数据，这样能够逐步实现仓储业务的数据化，为仓储数据的集成与综合应用奠定数据基础。有了数据积累，还需要保证各级部门机构的数据相同，一是采取定期上报"数据盘"或"网传数据包"方法，这种方法是传统数据库系统交换数据的方法，技术上已经比较成熟，但是，接收汇总审核数据过程中的"无用功"太多；二是依托后勤虚拟专网，利用数据中心或区块链存储仓储数据，仓库本级及上级业务管理部门的仓储业务工作信息数据"全上网"，各级用户按权限访问与应用仓储数据，这样既能实现数据网络化共享，又能确保数据安全。

本章在界定物资配送数据语义质量管理及核实的基础上，结合现状将物资配送数据真实性存疑、数据可溯源记录缺失、数据内容不一致性、数据精度覆盖范围有限等归类为数据语义质量问题，进而结合物资配送领域特点，提出了数据完全映射准确性、一致映射准确性和正确映射准确性等语义测量规则及其方法的建议；根据参照ISO 8000-8提出的数据语义质量概念模型，给出物资配送数据语义质量管理模型，设计了数据语义质量核实业务流程，细化了待检数据准备环节、参照数据修订环节、数据语义测量环节、数据语义评估环节和质量问题修订环节的关键内容，给出了配送领域内数据语义质量提升的数据治理方法和思路。

第六章　物资配送数据语用质量管理

配送数据的语法质量和语义质量测量及修订，从数据语法和数据语义上提供保证，为配送活动提供有用的数据，开发配送数据潜在价值，为物资配送方案生成所需的主数据和业务数据提供了结构上的正确性。配送数据是否可用、是否真实、是否被正确应用等问题，需要用数据语用质量规则进行测量与评估。

第一节　配送数据语用质量测评规则

围绕配送数据语用质量管理，主要介绍数据语用质量基本概念、语用质量存在的问题、语用质量规则三部分内容。

一、基本概念

主要介绍数据语用质量、配送数据语用质量、配送数据语用质量管理和配送数据语用质量验证的相关概念。

（一）数据语用质量

数据语用质量，是指在数据语法质量和数据语义质量中未涵盖的数据质量要求。比如，数据是否可被正确理解、是否已过期作废、是否被正确运用、是否被正确关联等。

参照ISO 8000-8，语用质量测量应重点关注三个方面。

一是明确所需数据语用质量维度。数据质量维度就是提供一种测量和管理数据的方式。从不同视角测量和评估其有用性。语用质量维度包含在数据质量维度内。

二是确定数据质量维度指标构成，描述数据质量维度及其指标之间的相关性。对每个维度指标进行定义。

三是明确测量数据质量维度的数据获取方法，以及测量方法和手段。比如，可以通过使用正式请求、问卷和访问，用其中一项或多项的组合来进行语用质量维度的验证。

（二）配送数据语用质量

配送数据语用质量，是指围绕配送数据质量的时效性、有用性、可访问性和可解释性4个维度，测量配送数据的可用程度、访问难易程度、及时更新程度和应用可理解程度等满足需求的程度。

配送数据语用质量涉及数据质量维度对应的维度指标构成。数据时效性维度包括数据更新比例、数据更新及时性、过时数据比例等指标；数据有用性维度包括结构化程度数据比例、数据主题覆盖率、数据粒度等级、结构异构程度、语义异构程度等指标；数据可访问性（共享性）维度包括获取难易程度、集成难易程度等指标；数据可解释性维度包括引用数据模型易于理解程度、数据可视化合理性等指标，该维度及其指标在配送数据语法质量和语义质量测量中也存在相关要求。

（三）配送数据语用质量管理

配送数据语用质量管理，是基于数据语用质量规则和预设数据语用质量测量流程，对配送数据的有用性、时效性和共享程度进行测量、评估和修订的活动。

配送数据语用质量测量与修订的管理过程，以配送元数据和基准数据为基准，按照约定程序与待检"样本"数据逐一匹配衡量，统计分析"样本"数据满足配送活动数据支持的程度。

（四）配送数据语用质量验证

配送数据语用质量管理需要对待检数据的时效性、可用性、满足业务需要程度等维度进行测量与评估。

配送数据语用质量验证，是指通过提供配送数据实际开发应用的客观证据，确认特定的预期用途或应用的要求已得到满足。

二、语用质量存在的问题

围绕配送数据的时效性、共享性、有用性和运用结果可理解性，借助物资保障信息管理经验，基于配送数据库系统开发与应用现状，归纳总结配送数据语用质量面临的问题（见图6-1）。

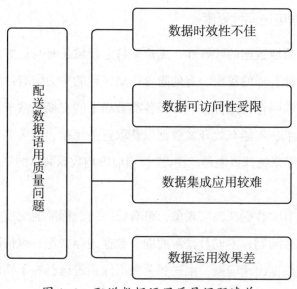

图6-1　配送数据语用质量问题清单

（一）数据时效性不佳

配送数据管理的目标是有效支持配送活动的决策，动态展示配送状态可见性，其关键是获取配送力量及资源的动态数据。当前配送活动用到的数据时效性较低，主要原因有：配送数据未常态化支撑日常业务，获取及存储的配送数据是静态数据。比如，库存物资质量、配送装备技术状况、物资储存标准实施，以及国家、地方储备和动员力量数据属于"概况"等。因此，单位行动时需要的物资保障，主要以行动单位提报需求为准，数据库内存储的数据作为参照，难以准确评估数据时效性和潜在价值。根据以往数据库开发、管理与应用情况，现有配送相关数据库的数据操作基本没有"时间戳"标记，没有该类可溯源痕迹，也会影响数据运用决策。

而对于地方物流系统，特别是阿里巴巴、顺丰、京东等各类企业，通过获取与聚集动态数据——形成大数据，已经实现了各自的数据驱动下的配送智能化。因此，数据时效性不仅影响当下决策，还影响配送智能化的发展与应用。

（二）数据可访问性受限

由于特定领域数据的特殊性，无论是特定领域还是与地方之间的交换数据，都存在各种各样的秘密，有的隐含行动区域的实力，有的隐含配送力量保障能力，有的隐含行动方案。如果各类数据不能交换与共享，不能充分运用现代信息技术，不能有效开发数据以获取业务规律，那么多么先进的设备和超前的数据库系统都只能是"摆设"。当前影响数据共享的原因主要有以下几个方面。

配送各环节"数据孤岛"现象，没有统一的、标准的交换方式，且由于时效性和准确性问题，不同数据源的同一数据还存在不一致情况，致使配送环节之间交换数据出现问题；配送相关数据库系统运行在不同的"虚拟信息网络"内，网络内数据库整体密级较高，不同"虚拟信息网络"之间互联互通较难。

地方储备、动员信息网络和大型物流配送信息平台，在信息管理与应用上也是"各自为政"，国家和地方的企业、商业都存在各种内部的商业秘密，导致特定领域配送数据的交换与共享难。

因此，配送相关实体网络集成和数据交换与共享，还需要配套的相关政策法规，以及区块链技术在配送领域的开发与深度运用。

（三）数据集成应用较难

"数据驱动决策"时代，首先要完成配送相关数据的关联与聚集，深度挖掘数据背后的潜在价值，生成有用的数据支持方案。

当前，数据集成存在的问题有：配送数据网络化差，配送相关信息化经历多年建设与应用，积累的"小数据"还没有推送到网上。半（非）结构化数据的结构化水平基本为空，仍然保存于纸质文件，仅个别转换为电子文件，还较难被计算机按照"术语"编码并加以应用，更别提数据网络化了。配送"数据孤岛"现象严重，多年来，特定领域内开发和应用了上百个物资保障相关的数据库系统，但是由于职责权限及保密规定的要求，这些系统"属于"某个机构甚至某个业务人员，未能有效地支持配送环节业务工作。此外，特定领域配送系统内各要素数据库系统的数据标准也不统一，比如，物资标准，有国家标准、行业标准和领域内标准，但实际上这些标准基本没有被引用，这对于配送而言就是制约数据交换与共享的"瓶颈"。

因此，要实现配送相关环节的数据关联与聚集，首先需要尽快研究并发布特定领域的配送活动的元数据，作为各环节交换与共享数据的遵循依据。

（四）数据运用效果差

通过配送数据的开发与应用，为用户提供直观、可理解且有效的显示效果，为决策者提供辅助决策支持数据。

当前，在配送数据开发与应用过程中，还存在以下不足：数据统计分析过程中，过于强调引用的数学模型的完美性。对于单位行动的不确定性和应急配送任务的突发性，数学模型难以科学预计结果，应用后造成结构难以被理解，甚至造成自己的困惑。为了达到某种效果，过多选择所需的数据进行关联与聚集，生成复杂显示效果，可能造成本末倒置。还有，错误使用数据，主要是抽取错误数据生成错误结果，抽取正确数据应用错误"算法"造成错误结果，抽取正确数据应用正确"算法"但选择了模糊或歧义的显示方式等。

因此，要实现配送数据正确且有效的运用效果，需要针对不同层次不同用途，选择合理的"算法""模型"，且以直观清晰的形式显示，加注合理的概要说明。

三、语用质量规则

配送数据语用质量的测量与评估效果，取决于数据语用质量测量与评估规则设计的合理性和语用质量问题清单的覆盖程度。参照 ISO 8000-8，结合配送数据质量问题，提出配送数据语用质量规则，包括数据完整性认可、内容灵活定制、数据安全防护、数据有用等类型。

（一）数据安全防护

大数据时代，配送数据作为一种配送资源具有主导作用，必须考虑配送数据的安全问题。配送数据安全防护规则应重点考虑数据被误修订的情况和软件缺陷，本书不考虑信息网络安全防护问题。

对于数据修订，围绕数据创建、修改、删除、保存、开发应用等权限，采用用户权限与元数据相结合的方法进行测量，用户权限与元数据建立关联，系统自动测量数据修订过程中存在超权限问题，统计误修订数据占待检数据的百分比（按记录统计和按字段统计），定性给出质量等级"满足""不满足""不确定""不适用"，用户在进行业务工作中发现的数据权限问题，定性给出质量等级"满足""不满足""不确定""不适用"。

该规则针对配送主数据和业务数据的可访问性的测量，提出字段级数据正确修订率（FW_{zd}）和记录级数据完全正确修订率（FW_{jl}）的计算方法：

FW_{zd}＝（被正确修订的字段数/预期被正确修订的字段数）×100%

FW_{jl}＝（被完全正确修订的记录数/预期被完全正确修订的记录数）×100%

围绕同一个业务主题，数据缺陷逐级叠加，造成数据可用性下降。给出主题下的字段级数据正确修订率（ΔFW_{zd}）和记录级数据完全正确修订率（ΔFW_{jl}）的计算方法：

ΔFW_{zd}＝（$FW_{zd1} \times FW_{zd2} \times \cdots \times FW_{zdn}$）×100%

ΔFW_{jl}＝（$FW_{jl1} \times FW_{jl2} \times \cdots \times FW_{jln}$）×100%

软件缺陷是指在软件功能运用的过程中，由于信息网络、使用误操作、软件功能设计造成数据准确性问题，该类测量规则主要针对数据技术人员日常管理和用户日常应用过程中发现的问题，定量给出质量等级"满足""不满足""不确定""不适用"。

（二）内容灵活定制

内容灵活定制是指基于当下配送数据内容，满足配送各环节数据开发需求的程度，能够支持用户进行数据汇总、按需查询等要求，有三个方面，一是数据开发与应用软件；二是存储数据粒度及结构完整性；三是多源数据装载质量。

1. 数据开发与应用软件

从软件提供的数据关系定制的功能入手，分析其是否能够满足用户定制数据汇总程度（如字段组合、粒度增大等）和统计分析条件（如嵌入函数、自编查询语句等），定性给出质量等级"满足""不满足""不确定""不适用"。

该项目针对配送各类特征数据（字段）的测量，提出字段数据按需定制满足率（RJ_{zd}）和记录级数据按需定制完全满足率（RJ_{jl}）的计算方法：

RJ_{zd}=（满足需求的字段数/预期满足需求的字段数）× 100%

RJ_{jl}=（完全满足需求的记录数/预期完全满足需求的记录数）× 100%

围绕同一个业务主题，数据缺陷逐级叠加，造成数据可用性下降。给出主题下的字段级数据按需定制满足率（ΔRJ_{zd}）和记录级数据按需定制完全满足率（ΔRJ_{jl}）的计算方法：

$$\Delta RJ_{zd}=\left(RJ_{zd1} \times RJ_{zd2} \times \cdots \times RJ_{zdn} \right) \times 100\%$$

$$\Delta RJ_{jl}=\left(RJ_{jl1} \times RJ_{jl2} \times \cdots \times RJ_{jln} \right) \times 100\%$$

2. 存储数据粒度及结构完整性

从数据语法质量角度入手，存储的数据结构（字段集）是否为不可再拆分的数据结构，满足"第二范式"程度；从数据语义质量数据粒度入手，存储的数据集（记录集）是否为"流水账""最底层数据"。由数据技术人员和用户定量给出质量等级"满足""不满足""不确定""不适用"。

该项目针对各类特征数据（字段）的结构可"细化"、内容可"拆分"的测量，提出字段级数据最小粒度率（LD_{zd}）和记录级数据完全最小粒度率（LD_{jl}）的计算方法如下：

LD_{zd}=（最小粒度的字段数/预期最小粒度的字段数）× 100%

LD_{jl}=（完全最小粒度的记录数/预期完全最小粒度的记录数）× 100%

围绕同一个业务主题，数据缺陷逐级叠加，造成数据可用性下降。给出主题下的字段级数据最小粒度率（ΔLD_{zd}）和记录级数据完全最小粒度率（ΔLD_{jl}）的计算方法：

$$\Delta LD_{zd}=\left(LD_{zd1} \times LD_{zd2} \times \cdots \times LD_{zdn} \right) \times 100\%$$

$$\Delta LD_{jl}=\left(LD_{jl1} \times LD_{jl2} \times \cdots \times LD_{jln} \right) \times 100\%$$

3. 多源数据装载质量

围绕数据集成难度，检测重点是多源数据关联与聚集应用问题，与"数据可用且有用"的数据结构化程度和结构异构问题相对应，以配送数据需求为牵引，按需抽取、规范、关联、装载的多源数据的难易，主要由用户根据日常应用情况，定性给出质量等级"满足""不满足""不确定""不适用"。

该项目针对多源数据集（特征数据和记录）的可关联性的测量，提出字段级数据正确关联性（GL_{zd}）和记录级数据完全正确关联性（GL_{jl}）的计算方法：

$GL_{zd}=$（正确关联的字段数/预期正确关联的字段数）$\times 100\%$

$GL_{jl}=$（完全正确关联的记录数/预期完全正确关联的记录数）$\times 100\%$

围绕同一个业务主题，数据缺陷逐级叠加，造成数据可用性下降。给出主题下的字段级数据正确关联性（ΔGL_{zd}）和记录级数据完全正确关联性（ΔGL_{jl}）的计算方法：

$$\Delta GL_{zd}=（GL_{zd1} \times GL_{zd2} \times \cdots \times GL_{zdn}）\times 100\%$$

$$\Delta GL_{jl}=（GL_{jl1} \times GL_{jl2} \times \cdots \times GL_{jln}）\times 100\%$$

4. 条目综合评估

假设数据开发与应用软件的权重为 qzd_{rj}、qjl_{rj}，数据粒度及结构完整性的权重为 qzd_{ld}、qjl_{ld}，多源数据装载的权重为 qzd_{gl}、qjl_{gl} 等，提出了主题下的字段级内容定制质量（ΔDZ_{zd}）和记录级内容定制质量（ΔDZ_{jl}）综合评估的计算方法：

$$\Delta DZ_{zd}=qzd_{rj} \times \Delta RJ_{st}+qzd_{ld} \times \Delta LD_{tz}+qzd_{gl} \times GL_{sy}$$

$$\Delta DZ_{jl}=qjl_{rj} \times \Delta RJ_{st}+qjl_{ld} \times \Delta LD_{tz}+qjl_{gl} \times GL_{sy}$$

上述公式内的权重占比主要采用专家和用户打分相结合的方法实施，一般情况下，对于内容灵活定制的3类条目的权重，一般情况下权重由大到小依次是数据粒度及结构完整性、多源数据装载质量和数据开发与应用软件。

（三）数据可用性

大数据时代并非数据海量，而是数据全面上网，即使是"小数据"也能形成大的信息保障力。数据不在于多，而在于可用且有用。从可理解、可被计算识别的角度入手，配送数据可用且有用规则包括以下7类。

1. 数据时效性

数据时效性指数据的更新比例和更新及时性。围绕任务需求，获取最新数据内容，体现为一个任务中数据充分更新的程度、更新的平均期限。数据更新比例指通过"时间戳"或其他溯源方法，统计已更新数据集占待检数据集的百分比，质量等级分为"满足""不满足""不确定""不适用"；数据更新及时性指按照有关规定和数据管理要求，根据专家网上抽查和用户实际应用过程中的情况，定性给出质量等级"满足""不满足""不确定""不适用"。

该项目针对配送各类特征数据（字段）的寿命周期的测量，提出字段级时效性（SX_{zd}）和记录级完全时效性（SX_{jl}）的计算方法如下：

SX_{zd}=（符合使用周期的字段数/预期符合使用周期的字段数）×100%

SX_{jl}=（完全符合使用周期的记录数/预期完全符合使用周期的记录数）×100%

围绕同一个业务主题，数据缺陷逐级叠加，造成数据可用性下降。给出主题下的字段级时效性（ΔSX_{zd}）和记录级完全时效性（ΔSX_{jl}）的计算方法：

$$\Delta SX_{zd}=（SX_{zd1} \times SX_{zd2} \times \cdots \times SX_{zdn}）\times 100\%$$

$$\Delta SX_{jl}=（SX_{jl1} \times SX_{jl2} \times \cdots \times SX_{jln}）\times 100\%$$

2. 数据的结构化程度

从内容应用角度和数据能够被计算机自动识别并有效应用角度入手，统计结构化数据、半（非）结构化数据分别占待检数据的百分比，半（非）结构化数据占比越大，说明支持配送活动的数据基础越好，有助于挖掘数据的潜在价值。分别按照数据结构化程度的占比，给出质量等级"满足""不满足""不确定""不适用"。

该项目针对配送主数据和业务数据的数据结构进行测量，提出字段级结构化程度（JG_{zd}）和记录级完全结构化程度（JG_{jl}）的计算方法：

JG_{zd}=（结构化程度的字段数/预期结构化程度的字段数）×100%

JG_{jl}=（完全结构化程度的记录数/预期完全结构化程度的记录数）×100%

围绕同一个业务主题，数据缺陷逐级叠加，造成数据可用性下降。给出主题下的字段级结构化程度（ΔJG_{zd}）和记录级完全结构化程度（ΔJG_{jl}）的计算方法：

$$\Delta JG_{zd}=\left(JG_{zd1}\times JG_{zd2}\times\cdots\times JG_{zdn}\right)\times100\%$$

$$\Delta JG_{jl}=\left(JG_{jl1}\times JG_{jl2}\times\cdots\times JG_{jln}\right)\times100\%$$

3. 数据主题覆盖率

从满足配送各环节所需数据的程度入手，与数据语法质量实体完整性规则对应，主要根据专家网上抽查和用户实际应用过程中的情况，定性给出质量等级"满足""不满足""不确定""不适用"。

该项目针对数据支持配送活动所需的特征数据（集）的满足度，提出字段级主题覆盖率（FG_{zd}）和记录级主题完全覆盖率（FG_{jl}）的计算方法：

$$FG_{zd}=\left(主题覆盖的字段数/预期主题覆盖的字段数\right)\times100\%$$

$$FG_{jl}=\left(主题完全覆盖的记录数/预期主题完全覆盖的记录数\right)\times100\%$$

围绕同一个业务主题，数据缺陷逐级叠加，造成数据可用性下降。给出主题下的字段级主题覆盖率（ΔFG_{zd}）和记录级主题完全覆盖率（ΔFG_{jl}）的计算方法：

$$\Delta FG_{zd}=\left(FG_{zd1}\times FG_{zd2}\times\cdots\times FG_{zdn}\right)\times100\%$$

$$\Delta FG_{jl}=\left(FG_{jl1}\times FG_{jl2}\times\cdots\times FG_{jln}\right)\times100\%$$

4. 结构异构性

从配送多源数据关联与聚集角度入手，分析相关数据源的数据结构异构情况（与语法质量测量规则对应），以元数据为基准，结合基准数据，统计配送某数据源的主数据结构与基准数据的主数据结构、业务数据结构与基准数据的业务数据结构的量化关系，给出质量等级"满足""不满足""不确定""不适用"。

该项目针对多源配送数据库的特征数据（字段）的数据结构异构的测量，提出字段级结构异构性（YG_{zd}）和记录级结构完全异构性（YG_{jl}）的计算方法：

$$YG_{zd}=\left(结构异构的字段数/基准数据的字段数\right)\times100\%$$

$$YG_{jl}=\left(完全结构异构的记录数/基准数据的记录数\right)\times100\%$$

围绕同一个业务主题，数据缺陷逐级叠加，造成数据可用性下降。给出主题下的字段级结构异构性（ΔYG_{zd}）和记录级结构完全异构性（ΔYG_{jl}）的计算方法：

$$\Delta YG_{zd}=\left(YG_{zd1} \times YG_{zd2} \times \cdots \times YG_{zdn}\right) \times 100\%$$

$$\Delta YG_{jl}=\left(YG_{jl1} \times YG_{jl2} \times \cdots \times YG_{jln}\right) \times 100\%$$

5. 数据挖掘模型可理解性

从配送数据聚集所选模型角度入手，判断数据采集、处理过程中采用的数据模型的复杂程度是否易于理解。评判标准是模型简易实用程度、复杂模型认可度等，由专家和用户对采用的数学模型进行评判，定性给出质量等级"满足""不满足""不确定""不适用"。

该项目针对配送数据深度开发结果的测量，提出字段级可理解性（LJ_{zd}）和记录级完全可理解性（LJ_{jl}）的计算方法：

$$LJ_{zd}=\left(可理解的字段数/基准数据的字段数\right) \times 100\%$$

$$LJ_{jl}=\left(完全可理解的记录数/基准数据的记录数\right) \times 100\%$$

围绕同一个业务主题，数据缺陷逐级叠加，造成数据可用性下降。给出主题下的字段级可理解性（ΔLJ_{zd}）和记录级完全可理解性（ΔLJ_{jl}）的计算方法：

$$\Delta LJ_{zd}=\left(LJ_{zd1} \times LJ_{zd2} \times \cdots \times LJ_{zdn}\right) \times 100\%$$

$$\Delta LJ_{jl}=\left(LJ_{jl1} \times LJ_{jl2} \times \cdots \times LJ_{jln}\right) \times 100\%$$

6. 数据可视化合理性

从配送数据开发与应用过程中的显示方式角度入手，判断各种统计分析采用的数据可视化形式是否有效，是否有利于用户理解和应用。主要由用户根据理解和实际应用需要给出评判，定性给出质量等级"满足""不满足""不确定""不适用"。

该项目针对配送数据开发运用显示效果的测量，提出字段级可视化合理性（KS_{zd}）和记录级完全可视化合理性（KS_{jl}）的计算方法：

$$KS_{zd}=\left(测量可视合理字段数/被测量可视字段总数\right) \times 100\%$$

$KS_{jl}=$（测量可视合理记录数/被测量完全可视记录总数）$\times 100\%$

围绕同一个业务主题，数据缺陷逐级叠加，造成数据可用性下降。给出主题下的字段级可视化合理性（ΔKS_{zd}）和记录级完全可视化合理性（ΔKS_{jl}）的计算方法：

$$\Delta KS_{zd}=（KS_{zd1}\times KS_{zd2}\times\cdots\times KS_{zdn}）\times 100\%$$

$$\Delta KS_{jl}=（KS_{jl1}\times KS_{jl2}\times\cdots\times KS_{jln}）\times 100\%$$

7. 条目综合评估

假设数据的时效性权重为 qzd_{sx}、qjl_{sx}，结构化程度权重为 qzd_{jg}、qjl_{jg}，主题覆盖率权重为 qzd_{fg}、qjl_{fg}，结构异构性权重为 qzd_{yg}、qjl_{yg}，挖掘模型可理解性权重为 qzd_{lj}、qjl_{lj}，可视化合理性权重为 qzd_{ks}、qjl_{ks} 等，提出了主题下的字段级可用性（ΔKY_{zd}）和记录级可用性（ΔKY_{jl}）的综合评估的计算方法：

$$\Delta KY_{zd}=qzd_{sx}\times\Delta SX_{zd}+qzd_{jg}\times\Delta JG_{zd}+qzd_{fg}\times\Delta FG_{zd}+qzd_{fg}\times\Delta YG_{zd}+qzd_{lj}\times\Delta LJ_{zd}+qzd_{ks}\times\Delta KS_{zd}$$

$$\Delta KY_{jl}=qjl_{sx}\times\Delta SX_{jl}+qjl_{jg}\times\Delta JG_{jl}+qjl_{fg}\times\Delta FG_{jl}+qjl_{fg}\times\Delta YG_{jl}+qjl_{lj}\times\Delta LJ_{jl}+qjl_{ks}\times\Delta KS_{jl}$$

上述公式内的权重占比主要采用专家和用户打分相结合方法实施，一般情况下，对于数据可用性的6类条目的权重，一般情况下权重由大到小依次是时效性、主题覆盖率、挖掘模型可理解性、可视化合理性、结构化程度和结构异构性。

（四）数据完整性认可

数据完整性认可，指达到配送数据语义质量为"满足"等级的情况下，用户对数据内容真实情况的看法。对于结构化数据，规则主要是特殊性数据（集）对应的内容的认可情况，对于半（非）结构化数据，规则主要围绕预设数据结构和数据内容，用户结合日常数据的应用情况，定性或定量给出质量等级"满足""不满足""不确定""不适用"。

该项目针对配送数据实际开发与运用过程中的数据完整性的测量，提出字段级认可性（RK_{zd}）和记录级认可性（RK_{jl}）的计算方法：

$RK_{zd}=$（测量数据内容得到认可的字段数/被测量字段总数）$\times 100\%$

$RK_{jl}=$（测量数据内容得到认可的记录数/被测量记录总数）$\times 100\%$

围绕同一个业务主题，数据缺陷逐级叠加，造成数据可用性下降。给出主题下的字段级认可性（ΔRK_{zd}）和记录级认可性（ΔRK_{jl}）的计算方法：

$$\Delta RK_{zd}=\left(RK_{zd1} \times RK_{zd2} \times \cdots \times RK_{zdn} \right) \times 100\%$$

$$\Delta RK_{jl}=\left(RK_{jl1} \times RK_{jl2} \times \cdots \times RK_{jln} \right) \times 100\%$$

（五）语用质量综合评估

假设数据的安全防护性权重为 qzd_{fh}、qjl_{fh}，内容灵活定制性权重为 qzd_{dz}、qjl_{dz}，可用性权重为 qzd_{ky}、qjl_{ky}，完整性认可性权重为 qzd_{rk}、qjl_{rk} 等，提出主题下的字段级语用质量（ΔYY_{zd}）和记录级语用质量（ΔYY_{jl}）的综合评估的计算方法：

$$\Delta YY_{zd}=qzd_{fh} \times \Delta FW_{zd}+qzd_{dz} \times \Delta DZ_{zd}+qzd_{ky} \times \Delta KY_{zd}+qzd_{rk} \times \Delta RK_{zd}$$

$$\Delta YY_{jl}=qjl_{fh} \times \Delta FW_{jl}+qjl_{dz} \times \Delta DZ_{jl}+qjl_{ky} \times \Delta KY_{jl}+qjl_{rk} \times \Delta RK_{jl}$$

上述公式中的权重占比主要采用专家和用户打分相结合的方法获得，一般情况下，记录级权重由大到小的顺序为可用性、内容灵活定制性、完整性、认可性、安全防护性；字段级权重由大到小的顺序为安全防护性、完整性、认可性、可用性、内容灵活定制性。

但要注意，针对不同的待检数据集，字段级和记录级对应的测量项目的权重是不同的，且对"满足""不满足""不确定""不适用"的占比也存在差异。比如，对于支撑业务而言，量化区间为"满足"的达到90%以上，"不满足"的达到80%以上，"不确定"的达到50%，"不适用"的达到50%。

第二节 配送数据语用质量管理设计

配送数据语用质量测量与评估用于解决配送数据语义异构问题，是配送数据语用质量的基础，只有配送数据语义无异构，才能更好地支持配送数据语用质量的提升。

一、语用质量管理模型

本部分主要介绍配送数据语用质量管理的验证要素构成和验证概念结构。

（一）验证要素构成

参照ISO 8000-8，结合配送数据语用质量管理要求，提出配送数据语用质量管理的要素结构，如图6-2所示。

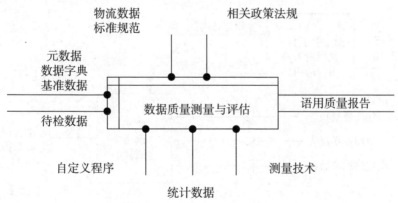

图6-2 配送数据语用质量管理的要素结构

由图6-2可知，围绕数据质量测量与评估的支撑要素共8个：①物流数据标准规范，物流相关的信息标准和数据规范，支撑整个配送活动数据获取、处理和开发与应用；②相关政策法规，支撑特定领域范围内配送数据的共享机制、内容等；③元数据、数据字典、基准数据，支撑特定领域的配送数据的关联与聚集，用于用户对内容的灵活定制；④待检数据，通过ATL工具从多源数据库装载到数据仓库的数据；⑤语用质量报告，通过数据质量测量和评估结果，形成语用质量报告；⑥自定义程序，用于数据质量测量、评估及形成报告；⑦统计数据，用于相关数据语用质量问题的统计；⑧测量技术，支撑数据质量测量的各类软件、硬件手段和方法等。

（二）验证概念结构

配送数据语法质量和语义质量的测量是以数据质量管理信息系统得到自动测量与评估为主，但是配送数据语用质量的好坏体现在数据的开发与应用过程，比如，数据是否有效支持配送环节的数据运用，因此，其测量与评估应以用户参与评估为主，与数据质量管理信息系统相结合。

根据ISO 8000-8，配送数据语用质量测量与评估包括3个环节，即确定验证方法并指定需要参与的用户、验证语用质量、准备语用质量报告。如图6-3所示。

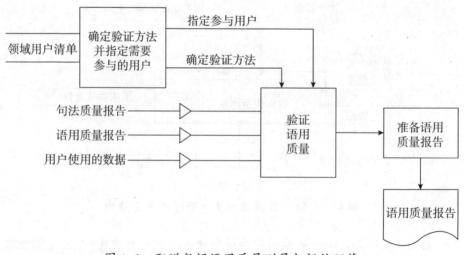

图6-3　配送数据语用质量测量与评估环节

1. 确定验证方法并指定需要参与的用户

该环节主要包括确定验证方法和指定参与用户，是组织验证语用质量的准备阶段。

（1）确定验证方法。围绕战时物资保障过程，采用配送全环节、全过程模拟验证，或者配送若干环节单独模拟验证，无论是何种验证方法，都得根据待检数据内容和业务数据库系统的部署情况设置。

（2）指定参与用户。选择参与测评及评估的用户，包括配送业务部门及保障力量和相关领域数据专家。以验证方法为牵引，选择应用配送数据库系统内的部门及机构。比如，按照配送流程验证全环节的数据语用质量，需要遴选配送任务下达部门、配送方案制订部门、配送单出具业务机构、配送作业分队等部门及机构；如果验证配送仓储环节，仅需要遴选某储供基地或者战役仓库即可。

2. 验证语用质量

该环节是语用质量测量与评估的核心环节，是在待检数据完成语法质量和语义质量的测量与评估并修订后，依托配送数据库系统及自定义的数据质量管理信息系统，实施语用质量的测量与评估。

（1）依托配送数据库系统，依据验证方案（包括明确的数据内容、数据流程，以及如何评估应用效果等），用户通过操作数据完成句法、语用质量的检查，并给出质量等级。

（2）依托数据质量管理信息系统，结合预设规则，利用人机交互界面，在专家参与下，对待检数据和用户作业数据完成数据语用质量的测量及评估，给出质量等级。

（3）形成配送数据语用质量测量与评估结果，综合形成待检数据的质量等级。

3. 准备语用质量报告

由数据技术人员，根据验证语用质量测量与评估结果，准备语用质量报告。最终按照预设模板形成配送数据语用质量报告，并提交到相应管理部门和配送相关环节机构。

二、语用质量验证环节

本部分主要介绍配送数据语用质量的验证流程及其环节的功能概述。

（一）语用质量验证流程

参照配送数据质量管理主流程，用户直接参与语用质量验证过程，依托相关配送数据库系统，以物资配送任务为牵引，用户通过实践作业进行数据质量测量与评估，提出配送数据语用质量验证流程（见图6-4）。该流程由验证方案制定、待检数据准备、语用质量测量、验证结果形成、质量问题修订5个环节构成。

（二）验证方案制定环节

该环节主要对应测量与评估环节中的"确定验证方法并指定需要参与的用户"，验证方案包括配送任务编制、验证方法确定和参与用户指定三部分。该环节是语用质量验证的起点和依据。

（1）配送任务编制。以真实的物资配送任务，设计配送任务数据内容，主要包括接收单位、实施单位、物资品型、调拨数量，以及配送动态数据可见性要求等。为用户测量与评估配送数据语用质量提供切入点。

（2）验证方法确定。结合语用质量验证任务，采用配送全流程验证方法或者配送某环节验证方法，对于各种方法，明确配送信息管理过程中必须进行的数据修订工作。比如，必须修改记录数据、必须进行物资组配数据修订等，每个环节都要进行各项功能作业。

（3）参与用户指定。根据语用质量验证方法，遴选配送业务相关的部门及机构，组织实施在线验证。

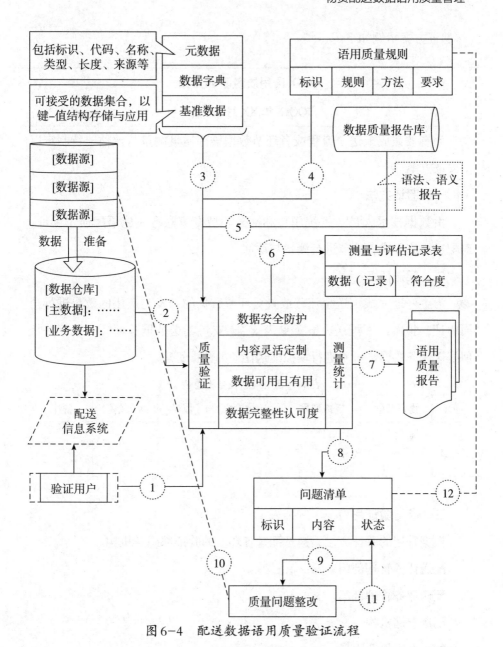

图6-4 配送数据语用质量验证流程

验证方案示例如下。

XXXX语用质量验证方案

XXXX年XX月XX日

为有效完成配送全流程或者环节数据语用质量测量与评估，特制定以下验证方案。

一、验证方法

由数据技术人员、系统用户和部分领域专家联合实施语用质量验证，对配送全流程或者环节进行测量与评估。

二、配送任务

为更好地完成配送全流程或者对环节数据的开发与应用的效果进行全面验证，拟制以下配送方案（见表×），支持配送数据验证。如果存在相似配送任务数据，可不进行模拟配送任务的数据管理。

表× 物资配送任务汇总表

序号	物资名称	规格型号	计量单位	数量	接收单位	备注

三、参与验证用户

根据采用的验证方法，遴选配送各环节的验证部门及机构。

配送任务管理部门：×××；

配送业务管理部门：×××；

配送仓储机构：×××；

配送仓库作业力量：×××；

物资需求单位：×××；

地方物流单位：×××；

……

四、其他说明

……

制定单位：配送数据中心　联系人：×××　联系电话：×××××

（三）待检数据准备环节

该环节主要包括原始待检数据准备、用户实践数据准备、语法和语用质量报告准备。该环节与"验证方案制定环节"相对应，支持为用户后续验证提供"样本"数据。

（1）原始待检数据准备。验证方案指定之后，实施验证之前，按照需求从多源数据抽取待检数据，存储到数据仓库内。

（2）用户实践数据准备。为更好地验证数据开发与应用后获得运用结果的数据质量问题，参与验证的用户按照自身业务知识和指定的配送任务，模拟配送数据管理，并将实践数据存储到数据仓库内。

（3）语法和语用质量报告准备。实施语用质量验证之前，必须完成语法和语义质量的核实及问题修订。

（四）语用质量测量环节

该环节是配送数据语用质量验证的核心环节，其子环节有待检数据装载、验证规则获取、语用质量测量。该环节涉及验证流程内步骤①、②、③、④、⑤、⑥等。

（1）待检数据装载。从数据仓库内抽取待检的原始数据和任务实践数据两部分，并装载到数据质量管理信息系统内部缓存。

（2）验证规则获取。按照数据质量管理信息系统的语用质量验证"算法"，基于装载的缓存数据，通过与元数据或者数据字典或者基准数据的索引，装载相应的语用质量规则到系统内部缓存。

（3）语用质量测量。利用系统内置的测量程序，待检数据项目逐项与语用质量规则匹配，或者用户直接给出质量等级；此外，针对待检数据的语法质量和语用质量报告，结合用户实践经验，可提出个人的看法。测量过程数据及阶段性成果数据，应同步存储到"测量与评估记录表"。

（五）验证结果形成环节

该环节是对语用质量测量环节内的测量结果进行综合分析与评估。该环节涉及验证流程内的步骤⑦和⑧等，主要包括数据质量评估、问题清单修订、质量报告创建三个子环节。

（1）数据质量评估。综合数据质量管理信息系统记录的测量结果数据、系统自动测量结果和专家测评结果，提交综合评估方法，给出最终语义质量检查结果，用"不满足""不确定""不适用"的问题数据修订问题清单库。

（2）问题清单修订。根据数据质量评估结果，更新问题清单库，支持问题修订环节作业。清单格式见语法质量章节。

（3）质量报告创建。利用软件报表功能，按照数据质量报告模板（见附录C），通过步骤⑦自动生成数据语用质量报告。

（六）质量问题修订环节

该环节围绕配送数据语用质量问题，修订"样本"数据和语用质量规则。该环节相关步骤有⑨、⑩、⑪、⑫。

修订"样本"数据，以问题清单为标识符、索引，数据库仓库溯源记录明细，反向定位问题数据到多源数据库，进而由数据技术人员或业务人员根据问题清单建议的修订方法，实施问题数据的修订。

在修订问题"样本"数据的过程中，对于修订意见，特别是业务人员对语用规则以及语法质量报告、语义质量报告提出的修订意见，数据管理员和数据技术人员再次核准后修订语用质量规则。

第三节　配送典型数据语用质量分析

针对配送数据的语义质量，本节通过示例剖析配送数据时效性、可靠关联和灵活定制等语用问题，从配送装备基础数据库和物资储备结构研究着手，展开示例概要功能、语义问题和质量改进方案的内容研究。

一、满足动态需求不足

静态数据是指在配送活动中利用的已过生命周期的数据（集），或者虽在生命周期内但在错误时间节点的数据（集）。本节将这些被应用的数据（集）称为静态数据。配送活动基本都是基于任务式的，不同需求单位，资源需求存在"天壤之别"，因此，支持决策的数据（集）具备动态性。

示例：配送装备基础数据库

配送装备基础数据库，是物资配送的物质技术基础，支持物资配载、物资装卸搬运、运输车辆和遂行（支援）保障装备等编组所需数据。

围绕该基础数据库，开发并实践应用了编配标准管理、购置费预算编制、采购合同管理、分配计划编制、装备代码管理、装备实力统计，以及装备保障能力评估等功能模块。支撑配送装备主管部门进行配送装备建设、配备信息管理。

（1）编配标准管理，完成特定领域内的各类力量的配送装备编配标准的创建、修改、删除和保存，以及报表生成等业务。该数据库提供了装备编配表生成的两种方式，一是特定领域内的各类力量的编制与配送装备编配单元相结合，能够相对精确地为购置费预算编制提供装备编配数据；二是为每个力量制定配送装备标准，能够精确地为购置费预算提供装备编配数据。

（2）购置费预算编制，完成购置规划、计划的草案创建、修订、保存和报表生成等业务功能。按照确定建设目标、检索装备编配标准、汇总装备实力、计算补充数量、更新装备价格、按指标调平预算、确定计划、生成报表等环节顺序，完成装备购置费预算方案编制。装备购置数量与装备编配标准、实力数据、轮换数量等相关。

（3）采购合同管理，完成从采购合同签订、预付、过程跟踪、质量验收、调配到需求单位和经费决算等业务功能。依据购置费预算方案，按照接收采购计划、发布采购招标书、组织采购招标、签订采购合同、办理合同预付、跟踪过程质量、验收出厂质量、调配到需求单位、办理合同结算等环节顺序，完成装备采购管理。

（4）分配计划管理，完成装备分配、装备调拨和状态跟踪等业务功能。依据购置费预算方案和采购计划，在购置费预算方案基础上，结合年度日常调拨数据，修订购置费预算方案，多轮修订后，形成正式分配计划方案。但是采购计划内不含的购置费预算项目不列入。

（5）装备代码管理，完成基本信息和配套单元信息的维护功能。根据规划计划编制的要求，修订装备目录；根据编配标准生成要求，修订装备配套关系；根据装备替代关系，修订装备实力汇总标识等。

（6）装备实力统计，完成装备数质量信息的维护，支持购置费预算计划编制。以"装备数质量管理网络系统"交换的数据为基础，集成相应分配计划数据，作为购置费预算实力基准。

（7）装备保障能力评估，完成建设目标的装备配备率统计、保障能力评估和保障方案计划推演验证等业务功能。

配送装备建设配备业务具有以下特点：一是装备技术形式多样且战术功能存在替代关系；二是装备购置费预算执行方式不属于零基预算方式，确定的购置及采购项目无论执行状态如何，均不取消；三是装备编配标准存在多个版本。

（一）任务式配送数据需求

配送活动需要装备平台支撑，比如，运输装备、集装单元器具、装卸搬运装备，以及物资存储需要分拣、组配、输送平台，另外还需要遂行配送式保障的自我保障装备等，因此，配送式保障所需的装备编成编组需要有用的数据支持。

（1）装备实体数质量与装备实力数据不匹配，是典型语义质量问题。装备实体数质量是形成配送能力的基础，如果装备实力的数据不准，将直接影响配送能力形成。比如，越野叉车数量不准，影响物资装卸搬运作业能力，难以同时开多条作业线；整体自装卸车数量不准，影响集装单元运输能力；运加油装备数量不准，影响油料伴随保障或支援保障能力；储物帐篷不足，影响野战仓库开设及储备能力。另外，装备质量状况也是预计性质的，不是经过战术技术检验确定的信息，且由于配送装备实际应用相对较少、管理不够规范，造成装备性能下降，甚至转级为报废状态，也必然影响形成保障能力。

（2）装备信息管理与应用方法影响装备快速形成保障能力。配送装备业务信息管理方式分为实力统计和建设配备，实力统计数据以年度装备实力统计数据为准，支持年度装备调拨工作；建设配备数据以年度购置费预算方案数据为准，指导装备采购、配备和维修训练等。装备购置费预算=（各类力量装备编配标准−对应装备理论数量）×单价，而对应装备理论数量=（年度实力+未配备到位的分配数量）−（轮换数量+拟报废数量）。由于装备采购与配备到位存在时间差，未配备到位的分配数量可能包含多个年度购置费预算项目。

（3）装备数据完整性是否能真正满足业务要求，还需要在实际应用中进行验证。装备购置费预算编制过程中，不仅要考虑装备的数量和质量，还要考虑出厂（接装）日期、底盘信息、行驶里程、修理次数等特征数据，且相关特征数据之间也要互相校对，比如，质量状况与出厂（接装）日期、修理次数等自定义约束关系等。数据完整性语用质量应以用户或者评审专家的经验，辅以计算机按照约定约束自动校验。

由此可知，配送装备主管（分管）部门应用掌握的装备相关数据进行保障能力生成与评估时，装备理论数量与装备实体不对应，必然会造成意想不到的结果，会生成多个结果，再加上装备编配标准版本多，每个版本编配装备存在不同技术形式，利用掌握数据推算装备及配套系统的保障能力，仅仅停留在数据上，根本无法获取真实的评估结果。

（二）有关意见建议

判断配送装备数据的有用性，重点围绕装备数据的可用性和完整性语用质量问题，难以完全通过计算机自动分析与验证，需要业务人员、领域专家和数据技术人员综合评估后确认质量等级。

（1）装备理论数量和装备实力数量。由于装备配备到各单位，装备实力数据采集层次多，分为业务主管部门和专业主管部门多条线并行，不可避免会存在理解不透的问题，将未配备到位的装备也列入实力数据，且各类力量接装时存在业务主管和专业主管"脱节"的情况，也会造成装备已接装但未列入实力数据等情况。因此，要进一步明确装备建设配备各环节职责分工，强制装备建设配备的相关信息共享，严格落实各项备案规定。

（2）完善装备建设配备数据可见性。应结合相关信息平台建设，特别是"装备云平台"建设和现代物流信息系统开发建设，将相关的各类配送装备数据上网，各环节按业务需要经授权后检索和使用。

二、开发应用不够

配送数据只有被有效开发且实践应用，才能体现数据保障力。由于配送数据存在"孤岛""碎化片"等情况，配送各环节数据难以有效聚集，各部门机构还需要建立可操作的信息管理和质量管理机制，持续积累数据，为数据开发及实践应用提供"原材料"。

示例：配送数据资源

配送数据资源[①]是数据驱动配送决策的基础，也是配送信息管理的核心。本节采用狭义的配送数据资源，即配送主数据和业务数据内容本身，以及相关政策法规和标准规范等，不包括相应的组织和设施设备，且每类数据都包括结构化数据和半（非）结构化数据。

配送数据资源建设由数据库和数据库系统构成。其中，数据资源库存储各类配送数据，支持配送相关信息系统开发与配送数据运用；数据库系统负责配送数据本身的管理，不参与业务信息管理，包括数据查询、数据统计、数据抽取净化、数据装载等。

配送数据库存储以下三类数据。

（1）配送主数据，主要包括：配送业务（管理）部门、配送单位（仓储、运输等配送力量）、需求单位、物资、保障装备及器材（配送装备和遂行保障装备、仓库专业器材）、配送设施设备、配送经费等。

（2）配送业务数据，是指配送活动中各类单证（指配送过程中使用的所有单据、票据、凭证的总称）。主要包括：采购单证，采购计划单、标准采购招标书模板、评标标准模板、标准采购合同模板；仓储单证，入库通知单、卸货单、验收单、入库单、库存统计报表、盘点单、调拨单、库内转储单、加工通知单、加工单、出库通知单、拣货单、出库单；运输单证，运输计划单、运输调度单、运输任务单、事故处理单、运输回单；配送单证，配送单、计划单、入闸通知单、出闸通知单、入库通知单、卸货单、验收单、入库单、库存统计报表、盘点单、调拨单、库内转储单、加工单、出库通知单、拣货单、出库单、退货单、运输计划单、运输调度单、运输任务单、送货回单；结算单证，对账单、应收统计单、收款单、付款单。

当前，无论是单机版数据库系统，还是网络版数据库系统，配送数据的

---

① 数据资源（Data Resource），狭义上是指数据内容本身，广义上还包括开发和利用数据的力量。

开发与应用现状可概括为三点：一是围绕平战时业务要求，主要是日常业务信息管理需求，业务流程驱动下的数据应用，数据关系的简单逻辑"计算"和各类统计报表；二是数据深度开发应用还远远不够，各类数据库系统中数据的综合应用仍停留在固定"报表"方式，没能充分发挥数据仓库技术优势并且运用多维分析；三是业务数据交换，系统内配送环节之间、系统之间配送环节之间存在单证数据交换与共享，以及支撑配送活动的相关基础数据共享。

（一）数据按需获取

围绕配送的自动化和智能化，综合运用大数据分析系统，采取任务牵引和主动保障的方式，获取和聚集数据指导配送活动。数据内容获取及可用性问题如下。

（1）数据可获取性，直接影响用户按需定制效果。由于特定领域信息数据安全保密、国家（地方、行业）信息保密的相关规定，各级业务管理部门在配送业务管理实践中，有些数据是难以获取的。比如，运力动员数据、资源征用数据、作战消耗数据、国家物资储备结构数据、相关地方交通动态数据，甚至特定领域内配送环节的数据。在配送数据的语法质量和语义质量满足条件下，数据可获取性直接影响数据应用。

（2）数据关联与聚集，配送数据关联是数据聚集的基础，没有可靠的数据关联，就不能保证数据聚集质量。配送数据是多源数据，既包括特定领域内的也包括特定领域外的。多源数据关联难，主要原因是主数据标识符不同，以物资标识符为例，对于特定领域内，至少包括编目代码、专业代码、系统内码，以及自动识别技术代码等，从数据库系统角度看，每个系统都可能有各自的独特代码，这些代码运行在不同数据库系统内，不同的业务部门，有按专业区分编码、有按管理渠道编码，等等，对于地方，有国家（地方）储备代码、地方物流公司（企业）代码、供应商代码等。配送主数据（见附录A）的代码在特定领域内外都存在不同。次要原因是数据结构差异，主数据和业务数据的数据结构也各不相同，比如，特征数据类型差异、长度不同，甚至同一特征数据的内容"语法"都不同，造成获取的多源数据关联可靠性难以评估。

对于数据聚集而言，先不考虑配送数据是否可靠关联，由于当前配送数据分布在各个环节内，配送环节相关的数据还没有聚集，存储到数据库或数据仓库内，平战时用得最多的应属于相关实体的实力数据，进行简单查询和预设统计报表，甚至自定制多维报表都很少出现在数据库系统内，更无法进行数据的深度挖掘与应用。除了数据难以聚集，还有数据太小且时效性不强等问题。

综上所述，多年来，各级物资保障部门机构，已经积累了大量的储备物资和周转物资数据，主体以纸质、电子文件的形式存在，大多没有结构化、系统化，数据"碎片化"严重，因此，配送数据的有效开发应用还有待时日。

（二）有关意见建议

围绕配送数据语用质量存在的问题和当前配送数据开发与应用现状，提出以下3个修订方法。

（1）配送力量及物资资源可见性，依托后勤虚拟专网，借助配送数据中心或者配送区块链，将各种力量和资源上网，实现其电子化、网络化、系统化，支撑平时和战时配送数据的常态化应用。

（2）配送数据聚集解决，依托国家交通运输物流公共信息平台（LOGINK），利用交换服务下的数据交换功能，作为配送网络下各节点的数据交换手段。该数据交换功能主要实现各物流信息平台的单证交换，包括物流产业链相关企业间业务单证信息、异地车货源信息、从业人员或企业物流活动历史记录信息、异地危险品运输信息等，实现与其他国家物流信息共享（详见附录B）。

配送系统需要与以下实体进行主数据和业务数据的数据交换，主要包括第三方物流公司（如顺丰、菜鸟等）、物资供应商、危险品运输单位，以及国家、地方储备部门、动员部门等。

（3）特定领域多源数据预处理，为提高数据开发应用效率，通过建立数据处理机构，定期及时将多源数据抽取、净化、装载到相应数据库或数据仓库内，既有益于用户使用又便于数据质量核实及验证。

装载的数据包括特定领域内配送各环节"数据孤岛"和地方物流相关的静态数据和动态数据。

本章围绕配送数据是否可用、是否真实、是否被正确应用，在界定物资配送数据语用质量的含义、管理及核实的基础上，结合现状将物资配送数据运用效果差、可访问性差、集成应用较难、时效性不佳等归类为数据语用质量问题，进而结合物资配送领域特点，提出了数据完整性认可、数据可用性、数据内容灵活定制、数据安全防护等语用测量规则及其方法的建议；参照ISO 8000语用质量概念模型，给出物资配送数据语用质量管理模型，设计了语用质量验证流程，细化了验证方案制定环节、待检数据准备环节、语用质量测量环节、验证结果形成环节和质量问题修订环节的关键内容，给出了配送领域内数据语用质量提升的数据治理方法和思路。

附录A 物资配送主数据列表

主数据类型	主数据名称	用途及主要数据元素
资源类	物资数据	特定领域的有生力量和装备系统发挥效能的物质基础。包括编码、名称、规格型号、计量单位、单价（元）、质量（kg）、保质期、适集性，自身或包装的长（mm）、宽（mm）、高（mm）等数据元素
	运输装备数据	载运物资实现空间位置转移的物质基础。包括编码、名称、规格型号、计量单位、单价（元）、整备质量（kg）、承载质量（kg）、机动速度（km/h）、百公里耗油（l），载物平台长（mm）、宽（mm）、高（mm）等数据元素
	装卸装备数据	短距离的物资搬运和装卸的物质基础。包括编码、名称、规格型号、计量单位、单价（元）、整备质量（kg）、载运质量（kg）、机动速度（km/h）、百公里耗油（l）、起升高度（mm）、防爆性等数据元素
	集装器具数据	物资包装与集装的物质基础。主要分为托盘、集装箱、包装器材等。包括编码、名称、规格型号、材质、承载质量，承载平台长（mm）、宽（mm）、高（mm）等数据元素
	设施设备数据	存放物资、装备、器材等实体的立体仓库、货架、罐体，以及支撑物资装卸搬运的各类站台等物质基础。核心数据元素包括设施类型、各单元或站位承载或载运质量（kg）、适用于何种装备等
机构类	管理决策机构	特定领域的物资保障管理相关业务部门，分为指挥机构、动员部门、管理部门、运输部门、财务部门等部门机构。包括编码、名称、驻地、席位角色等数据元素

主数据类型	主数据名称	用途及主要数据元素
机构类	特定领域 物资保障单位	组织实施物资筹措（采购和动员）、运输、仓储、运输、配送等作业的机构力量。区分为筹措机构、储存单位、运输力量、配送力量、装卸力量，以及编制（编成或编组）等。包括编码、名称、驻地、经度、维度等数据元素
	任务部（分）队	执行任务的部（分）队。主要包括编码、名称、驻地、经度、纬度，以及编制（编成或编组）等数据元素
	国家（地方）单位	参与物流活动的国家（地方）公司和企业，分为物流公司、物资承制企业等。包括机构代码、单位名称、单位地址、主营业务等数据元素
信息保障	数据资源	支撑物流活动用于决策与优化的各类数据集合。分为结构化数据和半（非）结构化数据，特定领域内数据资源和国家（地方）数据资源
	物流 应用数据库系统	支撑物流业务和环节的数据库系统。分为特定领域内数据库系统和国家（地方）数据库系统。其中，特定领域内的数据库系统主要包括末端物资管理系统、物资保障计划管理系统、物资筹措（采购和动员）管理系统、物资运输管理系统、仓库管理系统、物资配送管理系统、财务管理系统、物流综合计划系统，以及物流大数据分析与预测系统等，并借助国家交通运输物流公共信息平台与国家和地方相关业务和物流环节系统进行数据交换
	物流数据库系统 基础	支撑物流应用数据库系统运行的基础条件。分为信息通信网络和IT设备及信息安全通道。其中，物流信息通信网络由综合信息网、野战骨干网、物联网等构成；信息安全通道主要是依托虚拟专网构建物流信息安全通道，实现特定领域的物流数据安全可靠交互
	信息保障力量	负责现代物流信息系统（基础数据库系统和应用数据库系统）的运行和维护的分队

附录 B 物流信息平台元数据

物流公共信息平台是指国家交通运输物流公共信息平台，根据交通运输物流公共信息平台标准工作组 2016 年发布的《交通运输物流信息互联共享标准 交通运输物流信息交换 第 1 部分：数据元》整理。

一、数据元分类编码

数据元分类编号和数据元的特征号，反映该数据元在数据元集中的排列位置，长度为 9 位，分类编号从左至右由交通运输物流信息交换业务领域代码、数据元一级分类顺序号、数据元二级分类顺序号和数据元顺序号组成，分类编码结构如图 B-1 所示。

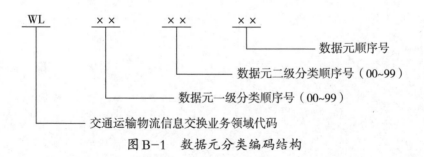

图 B-1 数据元分类编码结构

二、数据格式表示

数据格式中使用的字符含义如下：

①[a]表示字母或汉字字符；②[n]表示数字字符；③[an]表示字母数字汉字字符；④[m]（自然数）表示定长 m 个字符（字符集采用 GB 2312 中的有关规定）；⑤[..]表示字符型数据的最小长度到最大长度的分隔符；⑥[,]表示区分数字字符个数与小数点后小数位数的分隔符，即 [,] 前为数字字符个数，[,] 后为小数点后小数位数；⑦[ul]表示长度不确定的文本；⑧[YYYYMMDDhhmmss]中[YYYY]表示世纪和年份，[MM]表示月份，[DD]表示日期，[hh]表示小时，[mm]表示分钟，[ss]表示秒，可以视实际情况组合使用；⑨[True/False]表示布尔型，数据的逻辑判断值；⑩二进制型的数据格式为 binary，表示限定长度的二元八位字节集。

LOGINK平台部分元数据集如表B-1所示。

表 B—1　LOGINK平台部分元数据集（单证、参考数据元、货物和物品的描述和标识符）

序号	分类编号	数据元名称	英文名称	数据类型	数据格式	定义
一			单证、参考数据元（共52项）			
1	WL0100000	单证名称	Document Name	字符型	an..35	单证的自由文本名称
2	WL0100001	单证名称代码	Document Name Code	字符型	an..3	规定单证名称的代码
3	WL0100004	单证号	Document Number	字符型	an..35	标识一个特定单证的参考号
4	WL0100007	事件标识符	Event Identifier	字符型	an..35	标识一个事件的参考号
5	WL0100016	订舱编号	Booking Reference Number	字符型	an..35	承运人或其代理人对一票具体的托运货物指定的参考号
6	WL0100035	发货通知单标识符	Despatch Advice Document Identifier	字符型	an..35	标识一个发货通知单的参考号
7	WL0100039	内部运单标识符	House Way Bill Document Identifier	字符型	an..35	标识一内部运单的参考号
8	WL0100057	版本标识符	Version Identifier	字符型	an..9	用字符表示签发单证的正本数
9	WL0100067	单证签发的正本数量	Document Originals Issued Quantity	数字型	n..2	用数字表示签发单证的正本数
10	WL0100069	单证签发的副本数量	Document Copies Issued Quantity	数字型	n..2	用数字表示签发单证的副本数
11	WL0100131	代码表限定符	Code List Qualifier	字符型	an..17	标识用户或代码表维护机构的代码

续表

序号	分类编号	数据元名称	英文名称	数据类型	数据格式	定义
12	WLO100140	发货人参考号	Consignors Reference Number	字符型	an..35	由发货人指定的标识一个特定托运的参考号
13	WLO100146	账户名称	Account Name	字符型	an..35	账户的名称
14	WLO100147	账户标识符	Account Identifier	字符型	an..35	标识一个账户的编号
15	WLO100148	账户缩略名称	Account Abbreviated Name	字符型	an..17	一个账户的缩略名称
16	WLO100153	参考类型代码	Reference Type Code	字符型	an..3	规定一个参考类型的代码
17	WLO100154	参考号	Reference Number	字符型	an..70	标识一个参考的编号
18	WLO100188	运输单证号	Transport Document Number	字符型	an..35	标识能标明一个运输合同单证的参考号
19	WLO100194	个人证件号	Personal Identity Document	字符型	an..35	标识个人身份的证件的编号
20	WLO100225	报文功能代码	Message Function Code	字符型	an..3	指示报文功能的代码
21	WLO100296	合同号	Contract Number	字符型	an..35	买卖双方之间签订的合同的标识符
22	WLO100334	发票号	Invoice Number	字符型	an..35	用于标识一个发票的参考号
23	WLO100426	货物报关单号	Goods Declaration Number	字符型	an..35	由海关指定或接受的用于标识货物申报单的参考号
24	WLO100460	货运代理人参考号	Freight Forwarders Reference Number	字符型	an..35	由货运代理人指定的用于标识一个特殊托运的参考号

续表

序号	分类编号	数据元名称	英文名称	数据类型	数据格式	定义
25	WL0100496	货物分项号	Goods Item Number	字符型	an.5	在一票托运中区分一个特殊货物的顺序号
26	WL0100800	单证类型	Document Type	字符型	an..35	按单证功能、性质等进行分类的描述，例如运输类、仓储类、配送类单证
27	WL0100802	托运单号	Shipping Note Number	字符型	an..20	为托运单指定的单证号
28	WL0100804	提单号	Lading Bill Number	字符型	an..20	为提单指定的单证号
29	WL0100806	合同名称	Contract Name	字符型	an..70	物流企业与客户之间达成的物流服务协议
30	WL0100808	身份证号	Identity Document Number	字符型	an..18	赋码机关为公民给出的唯一的、终身不变的法定标识号码
31	WL0100810	从业资格证号	Qualification Certificate Number	字符型	an..19	道路运输管理机构为道路运输从业人员配发的道路运输从业资格证照的分类编号（注：不限于道路运输行业）
32	WL0100812	作业单号	Job Order Number	字符型	an..50	承运方根据托运信息进行调度作业生成的运输单据号码
33	WL0100814	运输回执单号	Transport Response Number	字符型	an..35	收到运输委托面通知或完成货物运输后的回复单据号码

续表

序号	分类编号	数据元名称	英文名称	数据类型	数据格式	定义
34	WL0100815	个人证件类别代码	Personal Identity Document Type Code	字符型	n3	标识个人证件类型的代码
35	WL0100816	核销单号	Verification Document Number	字符型	an..35	核销退税单的编号
36	WL0100818	流水号/序列号	Sequence Code	字符型	an..50	由一串数字或字母表示的编号
37	WL0100820	原始单号	Original Document Number	字符型	an..35	当上下游或上下环节有业务直接关联时，上游环节发出的单据号码
38	WL0100822	从业资格类别	Qualification Certificate Category	字符型	an..35	从业人员获得认可的从业资格类别
39	WL0100823	从业资格类别代码	Qualification Certificate Category Code	字符型	n5	用于标识从业人员获得认可的从业资格类别的代码
40	WL0100825	是否回执	Is Return	布尔型	n1	单证是否要求回复
41	WL0100828	托运单状态描述	Shipping Note Status Description	字符型	an..35	对托运单状态变化的描述
42	WL0100829	托运单状态代码	Shipping Note Status Code	字符型	an..3	表示托运单的状态代码
43	WL0100833	作业单状态代码	Job Order Status Code	字符型	an..3	表示作业单的状态代码
44	WL0100836	制单人	Document Maker	字符型	an..35	制单证的人员的姓名

续表

序号	分类编号	数据元名称	英文名称	数据类型	数据格式	定义
45	WL0100842	出库批次号	Out Warehouse Batch Number	字符型	an..30	该编号用来描述同一批货物不同的出库信息，例如同一批货物的不同出库次序号
46	WL0100844	入库批次号	Warehousing Batch Number	字符型	an..30	由货主提供或仓储企业指定的编号，该编号用来描述同一批货物不同的入库信息
47	WL0100846	入库通知单号	Warehousing Advice Note Number	字符型	an..80	入库通知单的单证编号
48	WL0100848	出库通知单号	Out Warehouse Advice Note Number	字符型	an..80	出库通知单的单证编号
49	WL0100850	分提单号	House Bill Of Lading Number	字符型	an..30	无船承运人、货代（为拼箱货）提供给货主的提单编号
50	WL0100852	保险单号	Insurance Bill Code	字符型	an..20	标识一个保险合同的编号
51	WL0100854	问题编号	Question Code	字符型	an11	标识一个问题的编号，由八位年月日（格式为YYYYMMDD）和三位流水号组成
52	WL0100860	发证单位	Certification Unit	字符型	an..100	用于标识签发各类单证和证书的单位名称

续表

序号	分类编号	数据元名称	英文名称	数据类型（共50项）	数据格式	定义
二			货物和物品的描述和标识符			
1	WL0700002	货物名称	Description Of Goods	字符型	an..512	用普通语言对一种货物性质（货物名称）的描述
2	WL0700064	包装类型	Package Type	字符型	an..35	物品包装种类的名称
3	WL0700065	包装类型代码	Package Type Code	字符型	an..17	规定物品包装种类的代码
4	WL0700085	货物类型分类代码	Cargo Type Classification Code	字符型	an..3	规定货物类型分类的代码
5	WL0700088	危险品闪点	Dangerous Goods Flashpoint	字符型	an..8	规定危险品闪点的数值
6	WL0700102	运输标志	Shipping Marks	字符型	an..512	对一个运输单元或包装上的标志和编号的自然语言描述
7	WL0700106	装运闪点	Shipment Flashpoint	数字型	n3	按照GB/T 21775闭杯试验测定的蒸发气体可被燃点的摄氏温度
8	WL0700124	联合国危险品编号	UNDG Number	数字型	n4	联合国对运输中常见危险货物清单中所列物质和物品指定的唯一序列号
9	WL0700224	包装数量	Package Quantity	字符型	n..8	一票发运货物中单件货物的数量，这些货物或是未加包装，或是已包装但不拆包无法分割

164

续表

序号	分类编号	数据元名称	英文名称	数据类型	数据格式	定义
10	WL0700228	装箱件数	Number Of Packages Stuffed	字符型	n..6	一票货物部分或全部装入一个集装箱或其他运输设备内的数量
11	WL0700242	产品型号	Product Model Identifier	字符型	an..35	制造商指定的参考号，按照相同结构设计标明同类产品
12	WL0700272	服务需求	Service Requirement	字符型	an..35	对物流过程涉及的服务需求的描述
13	WL0700273	服务需求代码	Service Requirement Code	字符型	an..3	规定服务需求的代码
14	WL0700338	产品批次号	Article Batch Number	字符型	an..17	制造商为相同生产批次所指定产品归类所编配的参考号
15	WL0700370	总件数	Total Number Of Packages	数字型	n..8	一票运货物的件数合计
16	WL0700416	国际海运危险货物分类号	IMDG Class Number	字符型	an..10	IMO（国际海事组织）根据《国际海运危险货物规则》按照危险货物具有的危险性或最主要的危险性划分为的九类所对应的编号
17	WL0700488	危险品附加信息	Dangerous Goods Additional Information	字符型	an..26	对一票运货物中每一危险物质或货物品所要求的附加信息
18	WL0700500	残损类型	Damage Type	字符型	an..35	一种残损的自然语言描述
19	WL0700501	残损类型代码	Damage Type Code	字符型	an..3	一种残损的代码表示

续表

序号	分类编号	数据元名称	英文名称	数据类型	数据格式	定义
20	WL0700502	残损部位	Damage Area	字符型	an..35	残损部位的自然语言描述
21	WL0700508	残损程度	Damage Severity	字符型	an..35	对货物或包装残损严重性的自然语言描述
22	WL0700800	危险货物名称	Dangerous Goods Name	字符型	an..256	危险货物的通用名称
23	WL0700801	国内危险货物编号	Dangerous Goods Number	字符型	n5	GB 12268中规定危险货物编号
24	WL0700804	危险货物标记	Label Marking Of Dangerous Goods	字符型	an..4	标识危险货物类型、装卸指示及紧急通知采取行动的标记
25	WL0700807	ADR分类号	ADR Class Number	字符型	n..2	《危险货物国际运路运输欧洲公约》中定义的货物八级分类之一相对应的编号
26	WL0700809	RID分类号	RID Class Number	字符型	n..2	《国际铁路危险货物运输规则》中定义的货物八级分类之一相对应的编号
27	WL0700811	危险品类别代码	Hazard Substance Item Number	字符型	an..4	一项货物的附加危险代码分类的号码
28	WL0700814	残损原因	Cargo Damage Reason	字符型	an..200	对导致货物或包装在运输、储存过程中受损原因的描述
29	WL0700816	签收类型	Sign Type	字符型	an..35	表示收货方对所接收货物采用的签收类型

续表

序号	分类编号	数据元名称	英文名称	数据类型	数据格式	定义
30	WL0700817	签收类型代码	Sign Type Code	字符型	an..3	表示收货方对所接收货物采用的签收方式代码
31	WL0700819	货物HS编码	Cargo HS Number	字符型	an..10	《商品名称及编码协调制度》中所规定的供海关、统计、进出口管理与国际贸易有关各方共同使用的商品分类编码，一般称为HS编码
32	WL0700820	货物分类名称	Goods Classification Name	字符型	an..35	按照货物本身特性进行分类的名称
33	WL0700821	货物序列号	Goods Serial Number	字符型	an..30	单一货物的编号
34	WL0700822	货物供应商	Vendor Name	字符型	an..50	货物供应商或代理商的名称
35	WL0700823	商品编码	Article Number	字符型	an..35	用于标识商品的一组数字编码
36	WL0700824	货物自编号	Goods Self Number	字符型	an..100	货主对货物标注的编号
37	WL0700825	物流单元编码	Logistics Unit Number	字符型	an..35	用以标识物流单元身份的唯一编码
38	WL0700828	运输设备附件名称	Transport Equipment Accessory Name	字符型	an..20	标识存放物品的运输设备附件的名称
39	WL0700829	运输设备附件代码	Transport Equipment Accessory Code	字符型	an..20	标识存放物品的运输设备附件的代码

续表

序号	分类编号	数据元名称	英文名称	数据类型	数据格式	定义
40	WL0700832	货物规格	Goods Specification	字符型	an..35	对货物的尺码和类型等特征的自然语言描述
41	WL0700834	货物属性	Specification Name	字符型	an..200	对货物除规格外的其他特征或属性的进一步自然语言描述
42	WL0700836	货物属性值	Specification Value	字符型	an..200	对货物属性存在状态、表现程度的具体描述
43	WL0700838	生产许可证号	Produce Licence Number	字符型	an..30	相关机构颁发给生产企业准予生产获证范围内的产品的证书的编号
44	WL0700840	货物物理状态	Physical Status	字符型	an..10	货物或物品在物理上状态的自然语言描述，例如气态、液态、固态等
45	WL0700844	货物出库数量	Out Warehouse Packages Number	数字型	n..12	出库货物的数量
46	WL0700846	货物英文名称	Goods English Name	字符型	an..35	货物名称的英文表示
47	WL0700850	库存状态	Storage Status	字符型	an..35	货物在库存中所处状态的自然语言描述，例如进货在途、可用库存、出库在途等

续表

序号	分类编号	数据元名称	英文名称	数据类型	数据格式	定义
48	WL0700851	库存状态代码	Storage Status Code	字符型	an..3	标识货物在库存中所处状态的代码
49	WL0700854	包装件数描述	Package Quantity Description	字符型	an ..256	对包装件数的自然语言描述
50	WL0700857	比重分类代码	Proportion Type Code	字符型	an ..3	规定货物比重分类的代码

附录 C 物资配送数据质量报告

配送全流程（某环节）

数据语法（语义/语用）质量报告

一、引言

主要包括以下四个方面。

（一）编写目的

描述数据质量核实/验证目的。

（二）背景

项目背景的描述。

（三）参考资料

列出本文档引用资料的名称，并说明上下文关系。

（四）术语定义及说明

列出本文档中使用的术语定义、缩写及其全名。

二、数据质量评估工作范围

主要包括以下四个方面。

（一）数据质量评估的目标

识别数据质量的关键问题，以使这些问题可以通过基准数据弥补和ETL流程进行清洗等手段解决。

建立管理和控制机制，并使之能够在短期或长期均发挥监控数据环境的作用。

（二）确定的数据质量标准

列出本次数据质量核实/验证采用的模型及规则。

（三）参与评估的人员组成

数据主管、数据管理员、数据技术人员、配送相关业务人员、领域专家等。

（四）数据质量评估的方法

记录评估结果的表格样式、数据质量评估工作的流程、数据质量评估结果的认证流程和评估结果的提交流程等。

三、数据质量结果

主要包括以下两个方面。

（一）数据源数据质量评估结果

以附件形式附在报告后面。

（二）数据清洗转换原则

针对重点数据，实施数据抽取、清洗转换原则。

四、数据质量预警与修订方案

主要包括以下四个方面。

（一）数据质量管理团队组织

列举团队成员及其职责。

（二）数据质量问题管理

包括质量问题的类型和修订方法等。

（三）数据质量管控计划

包括沟通途径、会议计划、管理流程等。

（四）数据质量修正方案

包括数据修订流程和计算公式等项目。

附录 D 主数据编目属性示例

序号	物资和装备分类名称	物资和装备分类代码	物资和装备基准名称	关键技术属性1	关键技术属性2	关键技术属性3	关键技术属性4	关键技术属性5	关键技术属性6	关键技术属性7	关键技术属性8	关键技术属性9	关键技术属性10	关键技术属性11	关键技术属性12	关键技术属性13
1	轮式车辆和机动装备	2420	通用指挥车	底盘型号	定型年度	仓体型式	主要装车设备	运载方式	供电方式	整备质量	整车高度					
2	轮式车辆和机动装备	2420	分队指挥车	底盘型号	定型年度	仓体型式	主要装车设备	运载方式	供电方式	整备质量	整车高度					
3	轮式车辆和机动装备	2420	综合通信处理车	底盘型号	定型年度	仓体型式	主要装车设备	运载方式	供电方式	整备质量	整车高度					

续表

序号	物资和装备分类名称	物资和装备分类代码	物资和装备基准名称	关键技术属性1	关键技术属性2	关键技术属性3	关键技术属性4	关键技术属性5	关键技术属性6	关键技术属性7	关键技术属性8	关键技术属性9	关键技术属性10	关键技术属性11	关键技术属性12	关键技术属性13
4	轮式车辆和动装备	2420	通信单元模块车	定型年份	底盘型号	最大行驶速度	连续工作时间	最大抗风能力	最坏公路条件	被覆线传输距离	数据比特误码率	整备质量				
5	车辆驾驶室、车身和车架结构件	2510	车轮盖	结构型式	材料	直径	厚度	固定方式								
6	车辆驾驶室、车身和车架结构件	2510	吊耳	承载质量	材料	宽度	长度	厚度	销孔直径	销孔间距						
……																

参考文献

[1]黄国涛.一种现代信息系统的评价指标体系研究[J].情报杂志,2006(6):37–39.

[2]蔡莉,朱杨勇.大数据质量[M].上海:上海科学技术出版社,2017.

[3]袁满,谢兰,张晓冉.数据质量约束规则的本体描述及推理研究[J].吉林大学学报(信息科学版),2017,35(6):670–677.

[4]戴超凡,刘丽华,曾赛红,等.军事数据质量管理研究[J].指挥与控制学报,2016,2(4):322–328.

[5]田仲,李培军,程芳.通用数据质量评分系统的研究与设计[J].标准科学,2016(5):94–99.

[6]刘慧,刘敏,韩兵.基于维度的信息系统数据质量评估指标体系研究[J].信息系统工程,2010(6):99,102–105.

[7]刘芳,李敏,任洪敏,等.基于规则库的数据质量评估方法[J].计算机系统应用,2017,26(11):165–169.

[8]卢本新.数据仓库数据质量管理的研究[D].大连:大连理工大学,2013.

[9]王兆君,王钺,曹朝辉.主数据驱动的数据治理——原理、技术与实践[M].北京:清华大学出版社,2019.

[10]爱德华·佐卡罗,丹尼尔·佐卡罗.揭开数据真相——从小白到数据分析达人[M].李芳,译.北京:电子工业出版社,2016.

[11]齐继东,初海宁,荀烨,等.物流本体数据库的应用研究[J].物流科

技，2009, 32(2)：63–65.

[12]肖威，刘明远，代博兰.半结构化数据模型的主要特征[J].中国水运（下半月），2009, 9(6)：105–107.

[13]张雨佳，苏中滨，吴华瑞，等.半结构化数据的动态树存储模型研究[J].计算机应用与软件，2011，28(5)：86–90.

[14]王宁，王延章.一种半结构化数据采集系统的设计与实现[J].计算机应用与软件，2007(5)：7–8, 34.

[15]蔡宇翔，付婷，倪时龙，等.非结构化数据特征建模关键技术研究[J].电网与清洁能源，2017，33(1)：13–17, 23.

[16]韩晶，鄂海红，宋美娜，等.基于主体行为的非结构化数据模型[J].计算机工程与设计，2013，34(3)：904–908.

[17]李未，郎波.一种非结构化数据库的四面体数据模型[J].中国科学：信息科学，2010，40(8)：1039–1053.

[18]高洪深.决策支持系统（DSS）理论与方法[M].4版.北京：清华大学出版社，2009.

[19]朱扬勇.大数据资源[M].上海：上海科学技术出版社，2018.

[20]黄成明.数据化管理——洞悉零售及电子商务运营[M]. 北京：电子工业出版社，2014.

[21]道格拉斯·W.哈伯德.数据化决策：精装典藏版[M]. 邓洪涛，译.广州：广东人民出版社，2018.

中国物流专家专著系列